复旦大学新闻学院高峰学科建设经费资助出版
国家社科基金重点项目"新媒体文化对新时代中国创新型发展的理论支援和实践路径"的阶段性成果

Research on the Innovative Development of Network Culture Industry

Theory, Path and Evaluation

网络文化产业创新发展研究

理论、路径与评估

张殿元 著

上海交通大学出版社
SHANGHAI JIAO TONG UNIVERSITY PRESS

内容提要

本书以国家实施网络文化产业发展战略的部署和新发展理念为指导，围绕网络文化产业发展战略，聚焦国家和地方"网络文化产业发展研究"，通过传播学、管理学、经济学三个学科构成的"多维视角"展开跨学科的深入研究，努力构建起我国网络文化产业发展的理论体系，为实现我国网络文化产业发展战略提供重要的学术和策略支持。

图书在版编目(CIP)数据

网络文化产业创新发展研究：理论、路径与评估／
张殿元著. —上海：上海交通大学出版社，2024.3
ISBN 978-7-313-30018-8

Ⅰ.①网… Ⅱ.①张… Ⅲ.①互联网络-文化产业-
研究-中国 Ⅳ.①G124

中国国家版本馆 CIP 数据核字(2024)第 013814 号

网络文化产业创新发展研究：理论、路径与评估
WANGLUO WENHUA CHANYE CHUANGXIN FAZHAN YANJIU：LILUN、LUJING YU PINGGU

著　　者：张殿元
出版发行：上海交通大学出版社　　　　　　　地　　址：上海市番禺路 951 号
邮政编码：200030　　　　　　　　　　　　电　　话：021-64071208
印　　制：上海景条印刷有限公司　　　　　　经　　销：全国新华书店
开　　本：710 mm×1000 mm　1/16　　　　印　　张：12.5
字　　数：209 千字
版　　次：2024 年 3 月第 1 版　　　　　　　印　　次：2024 年 3 月第 1 次印刷
书　　号：ISBN 978-7-313-30018-8
定　　价：68.00 元

目 录
CONTENTS

绪　论

一、研究背景

（一）国家高度重视产业数字化和数字产业化战略转向

2020 年 9 月 22 日,习近平总书记在教育文化卫生体育领域专家代表座谈会上的讲话指出:"要顺应数字产业化和产业数字化发展趋势,加快发展新型文化业态,改造提升传统文化业态,提高质量效益和核心竞争力。"①2020 年 11 月,《文化和旅游部关于推动数字文化产业高质量发展的意见》明确提出,推动数字文化产业高质量发展的目标在于夯实数字文化产业发展基础,培育数字文化产业新型业态和构建数字文化产业生态。

（二）当前城市数字化转型中网络文化产业发展存在的关键问题

当前,我国统一、规范、竞争、有序的现代文化产业体系尚未建立,制约了网络文化产业的正常发展;丰富的网络文化资源未得到有效利用;内容产业在网络文化产业中所占的比重仍然有待提高;网络文化产业发展亟须探索多元化的商业模式;在网络文化产业发展中,正确的价值导向及其评价体系亟待完善;网络文化产业法律法规的建设滞后。

（三）全球网络文化产业竞争态势与挑战

从全球视角来看,文化已经进入多屏互动的数字时代。全球范围已经形成以网络为平台支撑,以数据为关键资产,以智能为发展方向,带动经济社会文化整体发展的数字文化时代,网络文化产业已成为国际文化市场主流。探索我国

---

① 文化和旅游部关于推动数字文化产业高质量发展的意见[DB/OL]. https://www.gov.cn/zhengce/zhengceku/2020 - 11/27/content_5565316.htm.

网络文化产业高质量发展战略问题，以增强我国网络文化产业核心竞争力与全球影响力，是本研究的主旨。

二、意义和价值

本研究有三个方面的意义和价值。

（一）有助于建构一个网络文化产业发展的理论体系

基于传播学、产业经济学和管理学等多学科的视角，对网络文化产业发展战略实施的现实环境和制约因素进行系统梳理，总结出城市数字化转型中网络文化产业发展的理论框架和构成要素，从网络文化产业观念、运作结构、运作路径与测评体系等角度着手，系统构建我国网络文化产业发展理论体系。

（二）有助于加快培育网络文化产业新型业态，促进优秀文化资源网络化数字化

以数字化推动文化和旅游融合发展，深入推进"互联网＋"、云演艺业态、云展览，促进网络文化产业上线上云，加快传统线下业态数字化改造和转型升级。创造更多新就业形态和新就业岗位，形成适应新技术、新业态、新消费发展、产业链上下游和跨行业融合的数字化生产、流通、消费生态体系。

（三）有助于城市数字经济和实体经济的融合发展

城市数字化转型中网络文化产业发展研究有利于推动新经济格局下城市数字经济和实体经济融合发展，为城市经济社会稳定健康发展注入新的动力和支撑。随着5G时代的全面到来，以数字技术与文化创意为核心的双轮驱动，将作为经济增长的新引擎与新生产要素，促进未来网络文化产业格局的重组与升级。

三、研究现状

（一）国内研究现状述评

目前国内学者对城市数字化转型中网络文化产业相关的研究可以分为理

论和实践两个层面。理论研究层面涉及对网络文化产业的概念、特点、阶段等方面进行界定和理论探讨;实践层面对数字网络技术与网络文化产业结合的实际效果进行分析。研究认为,技术革命改变了文创产品的生产方式,也改变着文创产品的消费方式,在这一过程中,文创企业的内部结构和运营方式也发生了改变,驱动着传统网络文化产业商业模式的转变,同时"文化＋科技"催生了许多网络文化产业新业态,而新业态出现的同时也极大地推动了商业模式的创新。

从目前研究来看,学界对于城市数字化转型中网络文化产业的研究存在以下问题:首先,对网络文化产业的概念界定不清晰,在探讨数字技术与网络文化产业结合过程中,模糊了网络文化产业中数字技术的运用过程和呈现结果之间的差异;其次,目前研究大多停留在理论分析层面,缺乏对具体技术原理的分析论证,缺少网络文化产业发展效果测量指标方面的模型建构;最后,网络文化产业包含众多产业,由于不同产业自身各具特点,其数字化建设的具体实践也有不同的侧重点,很难基于具体实践形成一套对网络文化产业发展进行系统分析的研究方法。

(二) 国外研究现状述评

国外相关学术论文成果丰富,广泛涉及传播学、管理学、教育学、计算机科学等多学科领域。在探讨国家和城市数字化转型中网络文化产业的发展时,重点关注的是互联网技术对网络文化产业的影响。博斯沃斯和乔博姆(Bosworth & Jobome)认为,这种发展促进了商品生产、经济增长、劳动生产率的大范围提高。鲍莫尔(Baumol)认为,以互联网技术为代表的科技发展能激发创新精神,带来很多文创产品和服务,有助于创造新理念、新价值。马库森(Markusen)从产业链末端着手,认为消费者需求是价值链的最终决定环节,强调在整个产业链的环节中提升消费者服务。帕里达(Parida)等认为互联网技术正在改变产业价值链的商业运作方式,要提升价值链不仅需要技术的支撑,还应该推动运作模式的创新。

总体而言,国外对网络文化产业发展的研究内容涉猎广泛,视野开阔,方法多样。不足之处在于:第一,目前网络文化产业的分析框架尚未形成完整的体系,理论建构尚不完善,操作路径尚不明确。第二,对网络文化产业的概念、竞争力、集群、数字化发展趋势等议题以及文化创意产业政策方面缺乏更加深入细致的研究。第三,网络文化产业发展的策略方法和实施路径较多集中在产业化拓展的角度,缺乏对文化内容的审视。

四、总体框架

本研究以国家实施网络文化产业发展战略的部署和习近平总书记提出的新发展理念为指导,围绕网络文化产业发展战略,聚焦国家和地方的"网络文化产业发展研究",通过传播学、管理学、经济学三个学科构成的多维视角展开跨学科的深入研究,努力构建起我国网络文化产业发展的理论体系,为实现我国网络文化产业发展战略提供重要的学术和策略支持。

本研究的总体框架分为两大部分:基础研究部分和实现途径研究部分。基础研究部分包括两方面内容:①"网络文化产业发展的时代宏旨和影响因素研究";②"网络文化产业发展的域外经验和理论框架研究"。实现途径研究部分包括三方面内容:① 网络文化产业发展的策略方法和实施路径研究;② 网络文化产业发展的商业模式和生态演进研究;③ 网络文化产业发展的测量指标和评估体系研究。

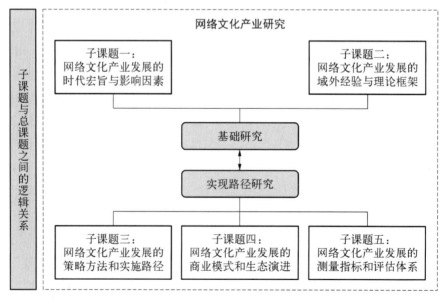

图 0-1　子课题与总课题之间的逻辑关系

五、预期目标

（一）本研究在理论创新上的预期目标

对于迅速崛起的中国网络文化产业来说，发展经验的积累还比较薄弱，理论体系的建构还不够完善。网络文化产业是文化产业与技术的融合，党和国家在把握趋势、科学谋划基础上做出"实施文化产业数字化战略"的部署，但具体如何实现文化产业的数字化转型，采取何种战略，相关的理论体系还有待建立。要达到构建我国网络文化产业发展战略转型的理论体系这一理论上的目标，需要我们从传播学、管理学、经济学等多学科视角切入，围绕网络文化产业发展的研究进一步拓展到数字文化传播、数字化管理、产业经济学等多个知识领域。

（二）本研究在实践应用、服务决策方面的预期目标

本研究是一项服务于国家和城市网络文化产业发展战略的应用性研究，旨在为国家和地方实施网络文化产业发展战略提供理论依据和决策支持。对于推进我国网络文化产业的发展，近年来党中央已有了全面指示和顶层设计，方针大计均厘定明确，但在网络文化产业发展战略的具体实践应用和服务决策上，则需要进一步地深化、细化、策略化、具体化。本研究在多维度视角下的"网络文化产业的发展战略"，就是本着既高屋建瓴又品鉴入微的精神，从宏观理念把握、中观机制运作、微观路径实操三方面推进本研究，以期用"观大局""接地气""见实效"的路径，体现本研究的实践价值。

六、基本内容

（一）深层梳理世界网络文化产业发展的整体脉络，确立中国网络文化产业高质量发展的战略方位

在网络全球化的背景下，网络文化产业的发展从来就不是一时一地的事情，借助网络技术和全球市场，网络文化产业的发展将突破时空限制，使优质的文创产品在塑造全球用户情感结构的同时，确立自身的竞争优势。本研究将通过大量的文献研究和调研访谈、问卷调查等方法，梳理当今世界主要发达国家城市转

型中网络文化产业发展的来龙去脉和网络文化产业发展的现状，确立关于网络文化产业考察和分析的整体框架和宏观坐标，将中国的网络文化产业发展置于其中，找准自身的发展方向，明确网络文化产业发展进程中自身的资源禀赋、竞争优势以及存在的问题和挑战，为中国的网络文化产业发展提供全球视野和决策依据。

（二）深入了解国家关于网络文化产业发展的顶层设计，使本研究全面对接国家战略

党的十九届五中全会就社会主义文化强国建设做出了系统谋划和战略部署，提出繁荣发展文化事业和文化产业，健全现代文化产业体系，促进满足人民文化需求和增强人民精神力量相统一。《中共中央关于制定国民经济和社会发展第十四个五年规划和二〇三五远景目标的建议》明确提出实施文化产业数字化战略，加快发展新型文化企业、文化业态、文化消费模式。全面了解国家有关文化产业数字化转型方面的政策文件，进一步明确网络文化产业发展的目标、思路和主要任务，将本研究的主旨和问题聚焦于国家网络文化产业高质量发展亟待解决的各种现实问题上，让研究成果更具现实针对性和实践指导性。

（三）深刻认识数字化和网络化已成为文化产业高质量发展的重要助推力量，系统把握网络文化产业资源整合、生产模式、传播创新和消费升级的内在规律

在以5G、人工智能和大数据等为代表的信息化加速发展的时代，网络文化产业站在了发展变革的十字路口。文化产业拥抱数字化转型，既是时代的呼声，也是发展的方向。如何顺应数字产业化和产业数字化发展趋势，加快发展新型业态，为产业高质量发展注入新动能，成为优化供给、满足人民美好生活需要的有效途径和网络文化产业转型升级的重要引擎。

（四）深度把握网络文化产业发展的战略意义和价值，明确和释放网络文化产业发展的新动能

增强中华文化在数字化、信息化、网络时代的国际竞争力，提升中华文化影响力和国家文化软实力，实现我国从文化资源大国向文化强国的转变。文化数字化建设为我国文化产业赶超发达国家提供了难得的机遇,也为打破地区封锁和行业壁垒开辟了新途径。放眼未来,随着5G时代的到来,人们线上文化消费的需求潜力还将进一步释放,因而,文化产业需要加快数字化、网络化、智能化转型,形成发展新动能。

七、研究思路

本研究以习近平新时代中国特色社会主义思想为指导,以推动高质量发展为主题,围绕国家一系列重大决策和部署,顺应数字产业化和产业数字化发展趋势,聚焦网络文化产业发展研究,通过三个主要学科(传播学、管理学、产业经济学)构成的多维度视角,协同由三个主要学科组成的研究团队进行跨学科的深入研究,建构网络文化产业发展战略的具体实施途径,解决商业模式与生态发展中存在的问题,为我国经济社会稳定健康发展注入新的动力和支撑力,并加快数字中国的建设。因此上述三个主要学科应当成为这一研究中最为重要的学理依据。

(一)传播学为本研究提供了基础性的学理支持

在网络文化产业发展实践中,推广层次的转变、文化产品的内容以及产业的生态体系建构都直接与传播学受众、内容与媒介生态学研究耦合。此外,传播学着重研究在产业空间中存在的各种传播主体、传播技术、传播行为、传播关系、传播方式、传播效度等,这些都直接与本研究的基本背景、基本关系、基本要素息息相关。

(二)管理学为本研究提供了较为成熟的知识保障

网络文化产业的生产过程就是对文化进行加工、生产、复制、创新、供给、销售和消费的过程,把网络文化产业纳入管理范围之内,从各种管理理论中归纳出网络文化产业的决策、计划、组织、领导、控制等管理职能,在网络文化产业发展过程中划出标准、产权、资本、品牌等管理领域,相互映衬,纵横交织,形成一个立体的网络文化产业管理学体系,对网络文化产业的宏观决策和微观管理均具有指导意义和参考价值。

（三）产业经济学理论为本研究提供了必要的分析框架

产业经济学对网络文化产业进行结构链式战略的分析，重点是梳理我国网络文化产业结构变化与数字经济增长之间的关系，研究当前网络文化产业数字化结构与链式关系，归纳产业结构演变的驱动因素、产业结构优化路径及其趋势。

八、研究方法

（一）内容分析法

借助内容分析法，本研究系统地对网络文化产业发展的相关内容构成进行了编码入库分析，形成完整的内容分析谱系，对公众的接受现状、影响因子、信息需求、未来定位等进行了深入研究，对影响网络文化产业数字化传播实施方案的因素进行补充和修改，融合传播要素、企业管理、产业建构等相关理论，进一步对研究框架进行完善，初步确定本研究的概念模型和理论假设。

（二）个案分析法

网络文化产业发展更新迭代频率高，所以本研究将采用个案分析法，以求研究成果能更贴近现实。本研究将选取来自国内国外的若干个相关案例，在不同的子课题中涉及，根据预设的概念模型和假设进一步调研和验证，深入研究其关系、特点及其形成过程，通过对这些个案研究的分析、比较，发现网络文化产业的发展规律和传播模式，寻找研究对象背后隐藏的本质问题。通过个案分析，获得更多、更丰富的研究数据，也能更了解网络文化产业在现实中的转型情况。

（三）调查研究法

首先，研究问题需要获得较多的一手资料和数据，需要对受众进行一定数量和质量的意见调查，通过受众感知和意向态度概括现实状态、现存问题，并预测发展趋势，为下一步的深入分析制定网络文化产业发展整体方案并提供科学依据。其次，一定量的访谈和实地调查可以验证规律的正确合理性，并了解学界、业界、政府部门的专家与学者针对某些观点的看法，用以完善研究结论。最后，通过德尔菲法（专家调查法）征求课题所涉及的三个相关领域专家的意见，完善网络文化产业发展评价指标体系,并利用灰色关联分析法构建评价模型开展横向测评,进而为其数字化发展提供量化基础。

九、研究重点、难点

(一) 平衡网络文化产业的新业态与"过时"分类统计标准问题

网络文化产业发展研究的一个前提,是了解实体网络文化产业的表现形式及其存量规模。我国现行的网络文化产业分类统计标准为 2018 年由国家统计局印发的《文化产业及相关分类》(以下简称"《分类标准》"),这一标准在《文化产业及相关分类》(2012)的基础上,为适应新情况、新变化做了一些调整。但目前快速发展的特色文化产业还没有在分类中得到较充分的体现,一些产业还没有纳入新的分类,文化产业的丰富性和多样性有待进一步体现出来。互联网发展使新型业态层出不穷,也应该留下更多的空间。时至今日,距离《分类标准》(祁述裕,2018)的公布已经多年,如何平衡网络文化产业的新业态与"过时"的分类统计标准问题,成为本研究的重点、难点问题。

(二) 网络文化产业是一种极具包容性的产业,本身的关联性很强,能同其他多种产业融合

产业融合背景下的网络文化产业边界将变得更加模糊,不同领域的产业样态、发展路径差异性大。这同样为本研究提炼网络文化产业发展战略的理论体系和实施路径增加了难度。

(三) 网络文化产业概念上的繁复与混乱,造成理论研究的分散和杂乱无章

1992 年,国务院综合司编著的《重大的战略决策——加快发展第三产业》,明确使用了"文化产业"这一概念。然而,在中国网络文化产业日益兴旺发达的今天,对于这一产业的命名问题依然困扰着大家。国家统计局将"文化产业"定义为:为社会提供文化、娱乐产品和服务的活动,以及这些活动有关的活动的集合。但关于"文化产业"的名称问题,学界仍然莫衷一是,"内容产业""创意产业""文化创意产业""版权产业"等多个学术概念被频繁用于学术著作中,理论体系混杂。这成为本研究的另一个难点问题。

（四）从目前我国网络文化产业研究现状来看，网络文化产业的发展实践，远远走在网络文化产业理论研究的前面

新技术不断涌现，技术更新换代呈现加速度的态势，许多新技术已经在网络文化产业中得到应用，形成数字文化产品的新形态。学界对于这些新技术影响力的认识和理论化需要一个过程。在 5G 时代，人工智能、大数据、云计算以及区块链技术都将对网络文化产业的发展产生深刻的影响。如何克服这种技术影响在理论认识过程中的相对延迟，在保证战略研究的前瞻性、长远性的同时，做到理论创新与现实指导性的紧密结合，具有相当难度。

十、创新点和特色

（一）在学术观点的阐释与话语体系的建构中体现本研究在知识体系上的创新

中国网络文化产业的理论研究必须立足中国国情和本土实践，构建具有中国特色、彰显中国价值的理论体系，但当前我国网络文化产业领域的学术研究在理论上主要沿用西方既有理论，缺乏系统的本土化提炼。"网络文化产业研究"这一课题以党的十九届五中全会中关于实施文化产业数字化战略的部署和习近平新发展理念为指导，站在中国网络文化产业发展战略的高度构建我国网络文化产业发展战略的理论话语体系，寻求中国网络文化产业原创性理论的发展。

（二）在跨学科研究方法的综合运用中体现本研究的理论性和应用性创新

本研究将运用多种科学研究方法进行跨学科综合研究。作为课题研究选择的多维度视角，本身就已确立了传播学、管理学、经济学三个重要学科构成的跨学科研究方法，其理论的探讨和实践中的应用都具有创新性。在此基础上，本研究还将充分运用好质性研究、量化研究、数据科学研究等具体研究方法，推动深入研究，使研究获得方法论意义上的更大支持。

（三）在对网络文化产业发展实践一手资料的发掘中体现本研究的创新与突破

本研究以探讨网络文化产业发展战略与实施路径，构建中国网络文化产业发展原创性理论为核心目标。这一目标决定了本研究不应仅仅局限于国内外有

关网络文化产业发展的历史文献的发掘,而应该把视角更多地聚焦于当下国内外网络文化产业的发展实践本身,大力加强人物访谈与调查研究,合理设计提纲,重点访问网络文化产业数字化实践中的关键人物、代表人物;通过田野调查、问卷调查、实地考察、研讨会等方式,多方面获取当下网络文化产业发展项目、经验等一手资料,与历史文献相结合,体现"立体式"研究的路径。

(四) 在质性、量化分析工具的综合运用中体现本研究在分析工具上的创新

NVivo 是一款支持定性研究方法和混合研究方法的软件,可以对存有大量基础数据的数据库进行检索,进行收集和整理,并能导入 PDF、Video、Audio 及数码图片文件,也可以建立二维、三维表格,增加团队协同功能,讨论和优化编码方案。Amos 是一款功能强大的结构方程建模(SEM)软件,支持通过扩展标准多变量分析方法(包括回归、因子分析、相关分析以及方差分析)来支持研究和理论创新。与标准多变量统计方法相比,使用直观的图形或程序化用户界面构建态度和行为模型,这些模型可以更准确地反映复杂关系。本研究使用这两个软件并配合其他学术工具、分析方法,助力相关研究问题的探讨,体现本研究在分析工具上的创新。

第一章

网络文化产业发展的时代宏旨与影响因素

文化产业的发展总是和特定发展阶段的环境特点密切相关,打上时代的鲜明烙印,同时也承担着时代赋予的特殊使命,发挥自身的独特功能。当下的"新时代"不仅仅是时间的概念,更是汰旧换新的变革概念,网络文化产业也不仅仅是由于修饰语的增多,而是由于文化产业自身的发展逻辑和内在肌理的嬗变,其概念外延的空间及研究的对象和范畴得到了极大扩充。从我们置身其中的产业情境和文化生态中抽身,以研究和观察者的身份回望大时代变迁中的网络文化产业,会发现平凡背后的宏大叙事和时代愿景,既有文化和科技的融合,以创新驱动的产业高质量发展,又有软实力提升,以人民为中心的价值观诉求。面对网络文化产业发展的磅礴之势和未来发展的路径方向,我们在关注网络文化产业的内生动力的同时,也自然会思考网络文化产业发展的外部影响因素。其实,网络+文化+产业的特殊构成已然彰显出这一特定命题的分析框架,那就是企业管理和行业研究经常使用的宏观环境分析的 PEST(Politics 政治、Economy 经济、Society 社会、Technology 技术)模型,即以网络数字技术为表征的技术环境、文化关涉的政治理念、社会治理的深层逻辑,以及产业发展的经济背景,PEST 模型将解码网络文化产业发展的影响因素。

第一节　网络文化产业发展的时代宏旨

文化产业的历史为网络文化产业发展提供了深厚底蕴,本章在对新时代的文化产业的含义、时代作用及数字化趋势进行梳理与分析的基础上,聚焦网络文化及网络文化产业,界定研究对象,并对网络文化、网络文化产业的内涵及网络文化产业的社会功能和时代命题加以厘清,进而讨论网络文化产业发展的时代宏旨。

一、新时代的文化产业

(一) 文化产业的含义与时代作用

"文化产业"的概念最早源自文化工业,法兰克福学派用其描述工业化社会中具有文化与文明层面的特殊类型产品的生产方式,之后由于市场规模化发展和文化概念意涵的拓展,演变出"文化产业"这一概念。"从'文化工业'到'文化产业',体现了这一生产方式在形式和内容上的深化"。[①]

在国际上得到普遍认可的文化产业的定义来自联合国教科文组织,其界定"文化产业"为一系列按照工业标准,生产、再生产、储存以及分配文化产品和服务的活动。在我国,2003 年,原文化部在《关于支持和促进文化产业发展的若干意见》中将"文化产业"界定为"从事文化产品生产和提供文化服务的经营性行业";2004 年,国家统计局修订了《文化及相关产业分类(2004)》,将"文化及相关产业"界定为"为社会公众提供文化、娱乐产品和服务的活动,以及与这些活动有关联的活动的集合"。此后,国家统计局在会同有关部门对《文化及相关产业分类》进行两次修订后,将其定义进一步完善为"为社会公众提供文化产品和文化相关产品的生产活动的集合"。

综合我国相关概念内涵的发展,大致可以将文化及其相关产业范围分为两类。一是为满足受众精神需要而进行的以文化为基础和核心的生产活动,包括创作、传播、展示等,如创意设计、新闻信息生产、文化投资运营等活动;二是文化生产活动实施过程中所需要的辅助性生产和中介服务,如装备生产和消费终端服务等活动。而从行政管理的角度来看,文化相关行业也长期被划分为文化艺术、广播影视、新闻出版等不同行业类型。2018 年,在党和国家进行新一轮机构改革后,"基本形成了文化旅游、文物、新闻出版、电影、广播电视、网络文化等行

---

① 詹一虹,侯顺.网络文化产业研究的逻辑起点与问题域[J].深圳大学学报(人文社会科学版),2016,33(05):29-35+107.

业格局"。①

"新时代，文化产业能够在促进国民经济转型升级和提质增效、满足人民精神文化生活新期待、提高中华文化影响力和国家文化软实力等方面发挥重要作用"，②文化产业的高质量发展对于推进中国现代化进程、畅通双循环新发展动能、实现文化强国目标都意义深远。作为战略性新兴产业和朝阳产业，文化产业独有的精神属性可以充分与新发展格局下提质扩容的现实需求相适应，特别是通过文化功能创新可以实现与其他产业的渗透与兼容，增强内外循环的文化意蕴；同时，文化产业具有的文化传播功能与价值共享特性不仅能作用于特定个体，更能潜移默化地承载民族文化与价值立场，展现中华文明的价值引导力，在世界新发展格局中发挥重要作用。《"十四五"文化产业发展规划》指出："随着我国供给侧结构性改革不断深化，现代产业体系加快发展，文化产业将深度融入国民经济体系，在服务国家重大战略、培育新的经济增长点、赋能经济社会发展方面发挥更大作用。新一轮科技革命和产业变革深入发展，创新驱动发展战略深入实施，将不断催生新产品、新业态和新模式，为文化产业转型升级提供强劲动力。人民美好生活需要日益广泛，对精神文化产品供给提出更高要求，文化产业将成为增强人民群众获得感、幸福感的重要途径。"③

近年来，我国文化产业繁荣发展。据文化和旅游部发布的《"十四五"文化产业发展规划》，"十三五"期间，全国文化及相关产业增加值超 4.4 万亿元，年均增速近 13%，占同期国内生产总值（GDP）比重为 4.5%。而作为"十四五"开局的前两年，这些数据持续走高，如 2021 年产业增加值年增速为 16.6%，占国内生产总值（GDP）的比重为 4.56%；2022 年全国 6.9 万家规模以上文化及相关产业企业营收 121 805 亿元，按可比口径计算，比上年增长 0.9%。我国文化产业呈现出稳步增长的态势，极具韧性。当然，《"十四五"文化产业发展规划》也指出，"当今世界正经历百年未有之大变局"，我国文化产业依然存在发展不平衡不充分的问题，具体体现在文化产业及相关企业整体实力和竞争力不强、区域经济发展差异较大、产业结构和资源优化配置还需要加强、与相关产业融合不够深入、文化

---

① 高书生.国家文化数字化战略：背景与布局[J].河北师范大学学报（哲学社会科学版），2022，45（05）：11－18.

② 《"十四五"文化产业发展规划》[DB/OL]. http://www.jiading.gov.cn/wenlv/publicity/fdzdgknr/ggwhly/fwbzzc/148606.

③ 中共中央办公厅 国务院办公厅印发《"十四五"文化发展规划》[DB/OL]. https://www.gov.cn/zhengce/2022－08/16/content_5705612.htm.

经济政策有待完善和落实等问题,自身发展的质量效益也因此受限。

(二) 文化产业的数字化趋势

社会层面上关于文化产业的讨论始于 2000 年左右,直至党的十六大召开,发展文化产业被第一次明确写在文件上。当前,随着新技术不断出现,新产业、新业态、新模式不断涌现,数字成为拉动经济发展新的引擎,在数字经济规模不断扩大的背景下,数字化趋势成为文化产业的讨论中的新热点。

党的十九届五中全会明确提出"实施文化产业数字化战略,加快发展新型文化企业、文化业态、文化消费模式"。① 《"十四五"文化产业发展规划》特别提出了我国文化产业发展目标包括"产业结构优化升级,新型文化业态更加丰富,数字化、网络化、智能化特征更加明显,产业链条和创新发展生态更加完善,文化产业与相关领域融合更加深入,文化产业整体实力和竞争力显著增强"。② 新时代需要新作为,充分把握文化产业数字化机遇,是推动网络文化产业进入更加广阔的发展空间,从而建设网络强国、数字中国的重要环节。

二、网络文化与网络文化产业

(一) 网络文化的内涵

网络文化是一个融合文化活动、文化方式、文化产品和文化理念的整体,是以网络信息技术为基础,在网络空间中形成的。它不是抽象的网络文化,就其本质而言,它是具有特定的、特殊内涵的人的网络活动的产物。网络文化与文化数字化趋势密不可分,既形成了自身独特的文化行为特征、文化产品特征和价值理念和思维方式,又形成了现实社会文化在数字世界中的延伸和多元展现,网络文化与文化数字化的趋势相互融合。

从不同层面上讲,网络文化既包括物质层面的内容,如资源体系、信息技术等,也包括道德规范、社会规范等网络活动内容;既有制度层面的内容,如法律制度等,也有精神层面的内容,如网络活动的价值取向,审美情趣,道德观念,社会

①　文化和旅游部关于推动数字文化产业高质量发展的意见[DB/OL]. https://www.gov.cn/zhengce/zhengceku/2020 - 11/27/content_5565316.htm.

②　中共中央办公厅 国务院办公厅印发《"十四五"文化发展规划》[DB/OL]. https://www.gov.cn/zhengce/2022 - 08/16/content_5705612.htm.

心理等。从不同的形式来看，在网络文化中包含了数字学习、数字出版、数字典藏、数字演出、网络广告、网络游戏、网络动画、内容软件等内容。

网络文化的特点是信息共享的平等，信息表达的自由，信息存在的虚化，信息沟通的无中心，以及多重特征的再生。也有报告特别指出网络文化的受众特征，认为其受众群体以低龄化、收入低龄化、思想活跃、喜欢追赶时尚潮流的年轻群体为主，网络文化可以说是年轻人的文化。

对于新时代网络与文化的关系，有媒体分析认为，文化网络化在技术发展初期可以理解为可以冲垮和打破人类原有文化形态的产物，是一种可以改变人类物质世界的新的巨大洪流。然而，随着技术狂热的消退和理性的回归，网络在当今时代必须走向文化，即挣脱技术的束缚，逆水行舟，将网络文化向上提升，让网络变得更有文化，让崛起的网络社会从精神层面上推动伟大复兴的同时，也在物质层面得到快速进步。从国家宏观层面推进文化强国建设，这也是必经之路。

（二）网络文化产业及其社会价值

互联网时代的到来，让众多传统行业发生了革命性的变化，越来越多地渗透和影响着文化行业，这无疑使得今后整个文化行业的发展必然会向互联网文化靠拢。如今，人们的生活方式和文化观念正在发生深刻变化，文字数字化、图书图像化、阅读网络化日益发展。互联网驱动下的文化产业风生水起，新业态初具雏形。网络文化产业已成为推动经济、社会、文化迅猛发展的一支重要推手。

网络文化产业在国际上又称为"数字内容产业"或"数字娱乐产业"，是指文化内容的创造、传播与销售，主要包括基于互联网平台形成的两大类产业：一是"在相当于数字图书馆、网络音乐等传统文化产业网络化、数字化的基础上，在互联网上衍生出的基于原有文化产品的新的产品形态"；二是"以网络技术为载体创新产生的新文化产品，比如网络视频、网络游戏等"。[①]

根据发展实际，学术界将我国网络文化产业发展历程归纳为三个阶段。[②]第一阶段的发展主要是信息服务。在互联网技术初现端倪之时，以互联网技术最简单、最基本的传播功能为主要应用，以提供信息服务功能为主的各类网络文化企业开始出现。网络科技开始被广泛应用，逐渐形成网络文化产业消费市场，

① 刘亚娟.网络文化产业发展策略研究［J］.现代企业教育，2012(21)：194.
② 詹一虹，侯顺.网络文化产业研究的逻辑起点与问题域［J］.深圳大学学报(人文社会科学版)，2016，33(05)：29－35＋107.

通过数码化改造传统文化产业的内容,并将其迁移到网络平台。第二阶段是探索期,侧重于内容的生产。随着网络技术的进步和应用,人们逐渐感到不满足于仅仅通过互联网浏览信息,而主动融入内容生产过程中的网络的开放性和互动性又激发了人们表达的欲望。越来越多的人不再仅仅是消费者,而是身兼消费者与生产者的双重角色,使得内容创造在互联网文化产业中得到了极大的拓展。第三阶段是全面服务的发展。在网络科技迅猛发展的同时,内容产出跟不上科技发展的速度,网络内容匮乏成为网络文化产业发展的掣肘。为提升竞争力,网络文化企业开始重视提供一体化的服务。

学术界还指出,网络文化产业发展史上还需要记载五件具有标志性意义的事件。一是 1994 年 4 月 20 日经国家计委批准成立的 64K 专线连接国际互联网的"中关村教育科研示范网(即中国科技网)",由中国科学院负责建设。中国实现了与互联网的完全连接,从此国际社会正式承认中国是一个真正功能齐全的互联网国家,标志着中国最早的互联网国际网络的诞生。当年 5 月完成了中国互联网的全部工作。二是 1995 年 5 月,张树新创办了中国第一家互联网服务供应商——北京科技有限公司,即瀛海威前身,张树新被誉为"中国信息产业的开拓者"。这是当时国内唯一一家面向普通家庭提供大众信息服务的网络,人们可以在网页上看新闻,可以和朋友聊天,可以在论坛上发表看法,还可以浏览国际网络。从那时起,互联网就存在于中国人的生活中,这也算得上国内第一家真正意义上的互联网文化公司。随着网易、新浪、搜狐等公司开始崭露头角,政府大力推动互联网基础设施建设,为互联网内容提供商提供了发展机遇。网络文化服务提供商、消费市场的网络文化产品逐渐兴起。三是发生在 2000 年 7 月,标志着网络文化产业最具代表性和标志意义的产品类型——网络游戏的问世,第一款真正用中文制作的网络图形 MUD 游戏《万王之王》正式面世。接下来,意识到网游潜在市场巨大的公司也越来越多地加入网游制造的队伍中来。仅近两年,就有 40 余款网络游戏陆续上市。四是 2001 年 3 月 15 日通过的《十五计划纲要》首次提出要推进"三网融合",也就是电信、电视、互联网的融合。尽管后来也有过以互联网技术为基础,全面更新为全新网络,真正实现各种服务一体化的建议,但不管是三网融合,还是网络大融合的新趋势,都在技术层面带来了网络文化产业发展的新可能,尽管后来也有过全面消除各种网络界限的建议。五是 2012 年 2 月,原文化部发布《文化产业"十二五"倍增计划》,将网络文化产业正式列入 11 个重点产业之一。这标志着我国互联网文化产业发展上升到国家战略层面。随后，原文化部在 2017 年 4 月发布《关于推动数字文化产业创新发展的指导意见》，强调要"使网络文化产业的内容更加丰富，形态更加丰富"。这表明我国致力于推动网络文艺事业发展，丰富网络文化内涵，促进优秀文化产品在互联网上传播，实施网络内容建设工程，明确网络文化产业发展方向，这在国家政策层面尚属首次。

网络文化产业是能够创造文化产业发展新机遇的现代文化产业，其"通过信息技术、数字技术与文化创意高度融合，为人们提供网络化、数字化精神文化产品和服务的产业形态"。[①] 网络文化产业是网络技术和文化产业内部要素相互影响的产物，同时也是在借助科技传媒的力量不断拓宽商业模式和发展途径。有学者指出："网络文化产业是科技与文化融合发展到一定历史阶段的产物，科技与文化的深度关联性是网络文化产业研究的逻辑起点"。[②]

同时，网络文化产业是基于互联网技术，通过互联网平台进行传播和发展的经济模式。在线经济、家居经济呈现爆发式增长。尤其是新一轮增长爆发以来，作为新兴文化经济形态的在线游戏、网络视频、数字出版等行业的典型代表产业在市场中的份额越来越大，在线文化产业正逐步成为中国经济发展的重要支柱产业。一方面，网络文化产业的迅猛发展，在促进其他产业进步的同时，也为整个互联网经济结构的调整和整体经济的可持续发展做出了贡献；另一方面，互联网经济产业的蓬勃发展也为网络文化产业提供了更加坚实的基础和更大的发展空间。

网络文化产业的功能、属性、价值等在技术、文化、经济等领域存在着相互渗透的依存关系。除具备科技变革、文化进步、经济发展三大基本属性外，网络文化产业还具有科技属性、文化属性、经济属性等多重独特属性。比如可以包括意识形态的特点、政治性质、社会性质、融合性、交互性、连接性，还具有娱乐、传承、教育的作用。

我国互联网的发展虽然较发达国家晚了一些，但近年来已经持续显露出巨大潜力。相对应地，我国网络文化产业呈现出可观的发展前景。中国互联网络信息中心（CNNIC）在《中国互联网络发展状况统计报告》中指出，"截至 2022 年

① 叶凌寒. 加快推动网络文化产业高质量发展[N]. 中国社会科学报,2021－11－04(007).
② 詹一虹,侯顺.网络文化产业研究的逻辑起点与问题域[J].深圳大学学报(人文社会科学版),2016,33(05)：29－35＋107.

6月,我国网民规模为 10.51 亿,互联网普及率达 74.4％"。①随着大数据、云计算、人工智能等新一代信息技术在文化产业领域的深度应用和网络文化形式愈加深入人们的日常生活,网络文化产业发展的平台和环境将进一步优化,也有必要通过监管、治理等方式,为网络文化产业的发展营造更加良好的环境,构建清朗健康、积极向上的网络文化空间和产业发展生态。

三、网络文化产业发展的时代宏旨

(一) 以社会主义核心价值观为引领,以人民为中心

网络文化也好,社会主义核心价值观也罢,都属于具有文化共通性的文化范畴,彼此之间存在着不可分割的联系。由于网络文化千姿百态、具有不可操纵性,一定程度上也为弘扬社会主义核心价值观提供了宣传平台,社会主义核心价值观的广泛宣传有利于规范网络行为,净化网络环境,促进网络文化更多地传播正能量。质量良莠不齐、公信力下降等问题在当前的中国网络文化中已经显现出来,特别是部分网站内容与主流文化存在严重背离的错误倾向。网络传播的价值影响,比军事侵略、经济侵略等在某种程度上有过之而无不及,其危害更为无形和微妙。因此,为引领各种网络文化思潮和网络文化产业的发展,需要坚定地以社会主义核心价值体系来引导网络文化建设。重塑科学价值观的过程之一,就是从个体层面对网络文化产业进行社会主义价值引导。维护社会稳定,抵御外来文化的侵袭,对于整个群体都是必需的。网络文化产业研究的首要任务就是通过引导网络文化产业遵循社会主义核心价值观来发展。当前我国一方面需要从思想观念、价值观建设着手引导网络文化产业的发展;另一方面,也需要通过网络文化产业加强意识形态与价值观的建设。总体来看,两者互相作用相辅相成,均服务于中国特色社会主义建设。

相应地,在网络文化产业发展的过程中,必须注重价值观层面的影响,坚持正确舆论导向,坚持社会主义先进文化前进方向。以"促进社会进步"为奋斗目标。以高尚的情操塑造人的品质,以杰出的作品鼓舞人,是我们的目标。既遵循社会主义先进文化发展规律,又符合社会主义市场经济要求,把社会效益放在首位,既要兼顾社会效益又要兼顾经济效益,确保文化产业持续健康发展。在具体

---

① 中国互联网络信息中心:第50次中国互联网络发展状况统计报告[R].北京,2022.

操作上，要通过文化产品消费，让人们在满足精神文化需求、感悟蕴含的真善美的过程中，潜移默化地接受引导，在与网络文化相关的产品和活动中，形成和积聚人力资本和精神力量，为社会发展所需要。把自己的作用发挥出来，把自己的力量贡献出来，把自己的价值实现到正确的实践方向上；同时，要重视发展网络文化的多元生态空间，"处理好我国网络文化建设的主题把握与网络文化多样性发展的关系，科学地分析复杂多元的网络文化思潮，努力以网络主流文化的先进性支撑其在多样化文化生态中的引导力"。①

在此过程中，网络文化的存在和发展与人民群众息息相关，人民是发展的重要考量。习近平总书记就文化建设和发展问题在党的二十大报告中作出专门论述，强调要"繁荣发展文化事业和文化产业，坚持以人民为中心的创作导向，推出更多增强人民精神力量的优秀作品"。② 此前，关于文化、文艺与人民群众的关系，习近平总书记也多次作出深刻阐释，如在2014年10月《在文艺工作座谈会上的讲话》中明确提出"运用历史的、人民的、艺术的、美学的观点评判和鉴赏作品""坚持以人民为中心的创作导向"。③ 同时，通过正确深入地反映百姓生活，表达百姓关切，让历史真实再现，让百姓与时代紧密相连，让历史因民而生。

因此，要坚持以人为本、全民共享的发展思路，以优质的产品满足美好生活的需求，让互联网文化产业与百姓文化需求相适应，才能真正成为互联网文化产业的发展之道。单调乏味的文字内容在复杂的网络文化环境中显得有些单薄，在多元化的网络文化生产中必须有所突破，不能局限于单一的文件宣传和理论灌输形式。要增强宣传内容的吸引力，针对不同人群，有不同的传播内容与形式，从而以更加丰富、多样、高质量的文化产品与服务满足人民日益增长的精神文化需求，增强人民群众的幸福感和获得感。更好地促进人的整体发展，才能促进社会的整体进步。

（二）完善产业市场体系，实现高质量新发展

网络文化产业涵盖众多网络文化产品，如网络游戏、网络音乐、网络文学、网络视频、网络直播、网络新闻、在线教育、在线旅游等，是一个综合性产业。2017

---

① 郑元景.论网络文化软实力及其实现路径[J].福建农林大学学报（哲学社会科学版），2014，17(01)：75-78+95.

② 习近平同志在党的二十大上所作报告全文[DB/OL]. https://www.gov.cn/xinwen/2022-10/25/content_5721685.htm.

③ 习近平.在文艺工作座谈会上的讲话[N].人民日报，2014-10-15.

年 4 月,原文化部发布《关于促进数字文化产业创新发展的指导意见》,强调要"增加网络文化产业的内容和形式的多样性"。但是,就目前的情况来看,我国的网络文化产业结构较为单一,网络文化产业所面对的市场也较为单一,产出的内容也往往陷入同质化的困境。

目前网络视频成为我国网络文化产业的核心组成部分,截至 2022 年 6 月,网络视频用户规模为 9.95 亿,短视频用户规模较 2021 年 12 月增长了 2 017 万,在整体网民中占比 94.6%,达到 9.62 亿。增加了 2 805 万,占网民总数的 91.5%,与 2021 年 12 月相比有所增加。但网络视频行业的发展仍存在许多问题。从长视频行业来看,我国目前的长视频行业格局呈现出"三超两强"的寡头垄断势头,其他小企业难以出头,而寡头之间的相互竞争也非常激烈,爱奇艺、优酷视频、腾讯视频背靠百度、阿里巴巴、腾讯三大互联网巨头,占据第一梯队,依赖互联网基因的存在和强大的资金链,通过大量采购版权剧,手握丰富的片源,通过"跑马圈地"的方式巩固了行业头部地位,形成了寡头垄断和背靠互联网公司的局面。一旦这样的格局成型,剩余的增量空间就非常狭小,流量增长缓慢,几大公司都转向存量竞争,如何丰富内容品类、寻找新的增长点和盈利点,在存量竞争中取胜成为一个挑战。

再从短视频的发展来看,自 2016 年抖音空降后,短视频行业飞速发展,市场规模不断扩大,目前形成了"抖音＋快手"的两强竞争格局,而众多社交媒体平台,比如微信、微博、小红书等,也都开设短视频功能,加入竞争,想要在广阔的市场分一杯羹。但许多传播者陷入"流量为王"的思维困境,短视频行业的内容整体同质化严重,充斥着大量"换汤不换药"的同质化模板化内容,差异性、多样性不足,加之短视频更直观、更浅显的表达方式,对内容制作方、创作者的审美要求不高,短视频平台出现大量浅表化的泛娱乐甚至是低俗的内容,使得平台内容失去深层价值和对用户的长期吸引力。

在数字化趋势下,网络文化呈现泥沙俱下的特点,网络文化产业面临全新而相对无序的发展环境。并且,这种将互联网文化产业与传统文化产业等同起来的简单思维和在现实中用抓传统文化产业的方式来抓互联网文化产业的现象依然存在。加强现代文化产业和市场体系建设,促进新兴文化产业发展,以创新和完善市场体系为基础,推动网络文化产业实现高质量发展。实现质的有效提升,量的合理增长,对于网络文化产业而言至关重要。

要加强顶层设计和统筹指导,正确处理好发展和安全的重要关系,处理好政府和市场的重要关系，处理好事业和产业的重要关系，处理好供给和需求的重要关系，处理好国内和国际的重要关系。完善现代文化产业体系和市场体系，加强战略谋划，整体推进，发展包括人才、资本、技术等在内的各类要素市场，发挥市场在资源配置中的决定性作用，建立信用体系、监管体系和行业管理体系，推动各类文化市场主体发展壮大，培育新型文化业态和文化消费模式，促进形成网络文化产业发展新格局。

有必要激活文化存量资源并将之转化为生产要素，积极推动网络文化产业与其他产业跨界融合发展，特别是促进网络文化产业与实体经济深度融合，重点培育包括新型文化企业、文化消费模式等在内的新的文化业态。应积极推广研发互联网技术，在创作人员、资源等方面打破传统文化产业的壁垒，促进文化产业的数字化、网络化，在创作、载体、发行渠道等各个环节催生一大批新的产品和业态。例如，互联网文化产品既能模拟传统出版物供读者阅读，又能实现多媒体阅读，具备社交属性的网络电视与弹幕技术，为互联网独有的网络游戏、在线视频、在线直播等，这些都是传统出版物所无法比拟的。从产业发展动力机制来看，高度依赖技术和资本等资源的网络文化产业，正加速向兼具跨界、融合和多元特征、互联网技术和资本双重驱动的商业模式转型。从行业影响因素看，受互联网技术、文化和金融等因素影响较大的是互联网文化产业。这个行业独特的特点是生产者和消费者互相融合，虚拟经济和实体经济相互渗透。网络文化产业只有融合发展，才能在不断创造新的增长点的同时，在引领风尚、教育百姓、服务社会、促进发展、为国民经济和社会发展注入文化活力等方面也能发挥应有的作用。比如推动网络文化产业和旅游产业融合，网络文化产业能够赋能旅游产业，为旅游业发展带来宣传渠道、体验方式等方面的新机遇，而旅游产业也能反哺网络文化产业，拓展其应用场景与提升社会价值。

（三）坚持创新驱动，促进文化与科技深度融合

生产领域的变革从来都是与科技进步紧密相连的：历代的文化积淀和薪火相传带来了文字和活版印刷；现代印刷技术则带来了更多勃兴的产业，如书籍、报纸、杂志、广告等；影视广播唱片等板块在电信科技的带动下全线走高；以移动互联网为标志的信息技术，正在新的时代背景下，为文化生产带来又一次新的变革。5G、大数据、云计算、虚拟现实（VR）、增强现实（AR）、人工智能、区域块链、元宇宙等技术出现，随着新一轮科技创新和产业创新的加速推进，利用创新技术

推动文化产业网络化、智能化、数字化转型发展，这是文化产业的关键趋势。作为文化产业重要组成的网络文化产业，是"文化与科技深度融合的新业态"，[①]也正依托先进的新技术才得以发展。

但目前，我国网络文化产业的自我创新能力还较弱，面临平台原创能力、率先创新能力弱、复合型人才缺失和核心技术受限等阻碍。以网络游戏为例，我国的网络游戏市场大部分被国外游戏厂商所占据，国内的许多游戏也是对国外的游戏进行模仿式创新而产生的。比如，"王者荣耀"与"英雄联盟"这两款游戏就在玩家中引起许多争议，许多其他游戏也只为数量不顾质量，画面粗制滥造，玩法单一，这导致我国的国产游戏长久以来不被玩家看好；再以网络动漫为例，随着计算机图形图像技术的高速发展，数字技术越来越多地参与到传统动画制作中来，动画制作的各种软硬件都影响着动画的市场竞争力。但在我国，目前用于动画制作的技术大多还是来自国外，无论是新兴的动画制作公司，还是老牌的上海美术电影制片厂，都在利用数字技术进行动画制作，目前市场上最流行的数位板品牌影拓来自日本，动画制作最常用的软件有美国的 Flash、日本的 ComicStudio 等。

在核心技术层面，目前我国技术发展虽如火如荼，但在一些关键性核心技术方面与国外还存在一定差距，所以要把相关的技术从国外引进来，把这个差距补回来。在技术发展上，我们有时也会受制于人。以 2016 年为例，习近平总书记在网络安全和信息化工作座谈会上强调，"互联网核心技术是我们最大的'命门'，核心技术受制于人是我们最大的隐患"[②]，中国互联网公司规模再大、市值再高，若核心部件的生产严重依赖国外，那就意味着"企业供应链的'命门'被他人掌握在手里，那就好比在别人的墙基上砌房子，再大再漂亮也可能经不起风雨，甚至会不堪一击"[③]。目前，网络文化产业已经渗透到各行各业，一个国家网络文化产业的发展水平也成为国家综合国力的重要象征，因此掌握核心技术对我国网络文化产业发展和综合发展来说均十分重要。

由此，网络文化产业发展需要以创新为核心驱动力，把握好科技支撑这一特点，调动有生力量开发新技术，并推动文化与科技的不断深度融合，集成运用先

---

① 闻洪涛.试论我国网络文化产业自主创新带动战略的构建[J].新闻大学，2016(03)：80－86＋150.
② 习近平：在网络安全和信息化工作座谈会上的讲话[DB/OL]. http://cpc.people.com.cn/n1/2016/0426/c64094－28303771.html.
③ 同上。

进且适用的技术,全面推进文化产业内容形式、载体渠道、业态模式等方面的创新,推动产业结构升级、链条优化、价值拓展,以创新带动文化产业创新,以创新带动文化产业,从而增强网络文化传播力,增强吸引力、感染力。

其中,数字文化产业的发展宏旨,可以在新一轮科技革命和产业变革的机遇中,对网络文化产业具有重要的借鉴意义。比如中共中央办公厅、国务院办公厅发布的《关于推进实施国家文化数字化战略的意见》中提出,"到'十四五'时期末,基本建成文化数字化基础设施和服务平台,基本贯通各类文化机构的数据中心,基本完成文化产业数字化布局,公共文化数字化建设跃上新台阶,形成线上线下融合互动、立体覆盖的文化服务供给体系;到 2035 年,建成物理分布、逻辑关联、快速链接、高效搜索、全面共享、重点集成的国家文化大数据体系,文化数字化生产力快速发展,中华文化全景呈现,中华文化数字化成果全民共享、优秀创新成果享誉海内外"。①

网络文化产业发展亦需要布局好网络信息数据库等基础设施,提升网络平台服务水平,发展网络文化消费场景。同时,以防火墙、杀毒软件等网络安全硬件设备和软件构成保护网络文化安全的屏障,不断提升抵御互联网技术入侵的技术水平。如此,就奠定了在线文化行业持续发展的坚实基础。

(四)推动传统文化创造性转化,提高网络文化软实力

中国传统文化博大精深,为互联网文化在新的时代背景下提供了巨大而丰富的资源。但是,任何一种文化都不能称得上是面面俱到、炉火纯青的,中国传统文化也概莫能外。中国传统文化受到西方文化的巨大冲击,导致传统文化中的短板显露无遗。作为现代社会新文化的表达方式,网络文化在弥补中华传统文化短板的同时,也能减少传统文化带来的消极影响,这其中有很多与时俱进的好处,比如传统文化的保守性,可以通过互联网文化的开放来消除。飞速发展的网络,在消解不同文化中心之间的障碍的同时,也模糊了时空与地域的界限。汇聚各方精华,开放心态成就无限可能的文化交流。中国历史上的文化守旧倾向因自给自足的经济形态而得到缓解。再比如,传统文化的平等性不足,可通过互联网文化的平等性来弥补。封建等级观念在中国历史上由来已久,传统文化历

---

① 中共中央办公厅 国务院办公厅印发《关于推进实施国家文化数字化战略的意见》[DB/OL].
https://www.gov.cn/xinwen/2022-05/22/content_5691759.htm.

来讲求纲常名教、尊卑等级,这与当代需要自由平等的理念相矛盾。网络文化大大消除了虚拟社会中人与人的社会地位不平等、种族地位不平等、经济地位不平等,让大家在网络平台上能够平等沟通。

所以从某种程度上说,互联网文化对于传统文化是一种传承,是一种弘扬。网络文化产业发展的重要课题是创造性地改造传统文化。政策方面对此也有充分考虑,如 2020 年 11 月,文化和旅游部出台《关于推动优质发展数字文化产业的意见》,指出要"充分运用动漫游戏、网络文学、网络音乐、网络表演、网络视频、数字艺术、创意设计等产业形态,推动中华优秀传统文化创造性转化、创新性发展",①自此,网络文化产业迎来新的发展机遇。

推动传统文化的现代化,应进行改良和创新性发展,这样才能与现代社会接轨,与当代人的需求相适应。同时,激发全民族文化创新创造活力,共同创造出更多既反映优秀传统文化价值,又体现当代社会发展内涵的网络文化产品与服务,为广大民众带来更多新的审美体验的文化服务。中国拥有世界上最庞大的网络用户群体,通过网络文化实现中华传统文化的融合,从而形成以网络文化为载体,将中华传统文化与现代精神文明相结合的现代传统文化。以网络文学为例,实现网络文学精品化和经典化,就可以充分借鉴传统通俗文学的表现手法,在中华民族悠久历史传统和精神脉络中寻找灵感和资源。传统文化一直备受广大民众关注,历史小说以多角度展现优秀民族传统美德和社会主义核心价值观,成为网络文学最受关注的类型之一,这与我国绵延久远的重史精神和说史传统是分不开的。同时,网络文学也要有贴近时代的鲜活表达,随着网络成为全社会的文化语境,网络文学不只供娱乐和消遣,还会对读者产生潜移默化的精神影响,必须更加重视网络文学影响人、塑造人的文化功能。

为进一步增强文化自信,提升文化软实力,中国优秀传统文化成果在网络中实现创造性转化、创新性发展,加强网络内容建设,以其特有的灵活性、包容性和渗透力培育健康向上的网络文化。互联网的纵深发展,使"互联网被塑造为展现国家实力的常规基地,网络文化作为国家主流价值观、传统文化的扩展延伸和多样化展现,在文化的创新、生产和传播方面蕴藏着巨大潜能",②网络文化的影响

---

① 文化和旅游部关于推动数字文化产业高质量发展的意见[DB/OL]. https://www.gov.cn/zhengce/zhengceku/2020 - 11/27/content_5565316.htm.

② 郑元景.论网络文化软实力及其实现路径[J].福建农林大学学报(哲学社会科学版),2014,17(01):75 - 78＋95.

力在国家综合实力中的地位和作用日益突出，因而也成为国家软实力的参与者和建设者。

网络文化软实力已成为衡量国家整体实力和竞争力的新标志，迫切需要得到进一步发展。近年来，在网络平台上，不同文化间的融合与沟通成效显著。我们的网络文化正不断与世界融合，从最初的"借船出海"到"造船出海"，再到今天的"自主驰骋、扬帆远航"，推动包容性发展。在此过程中，打造中国文化品牌的核心竞争力，在中外交流互鉴、推动文化"走出去"中展现独特魅力。具体而言，既需要守正创新，坚守中华文化立场，让中华文化中具有中国特色、世界意义的文化精髓走向世界，也需要深入研究不同国家不同受众的文化传统、价值取向、思维习惯，因人制宜、因地制宜、因时制宜地开发富有表现力和感染力的文化产品，在国际高水平竞争与合作中促进我国网络文化产业转型升级。

第二节　网络文化产业发展的影响因素

PEST（Politics、Economy、Society、Technology）模型是企业管理与行业研究中宏观环境分析的重要工具，基于 PEST 模型，从政治、经济、社会和技术四个层面分析我国网络文化产业发展所面临的环境，从而较为全面地分析我国网络文化产业发展的影响因素。

一、网络文化产业的政治环境分析

网络文化产业伴随着数字技术的高速发展应运而生，已经出现了大量以游戏、视频、直播、网络在线音乐、网络文学、在线教育、数字旅游、数据新闻等为代表的网络文化产品，整个行业在互联网和各种新技术的浪潮下迸发出无限生机，多种多样的网络文化产品也逐渐走进并融入人民群众的生活，成为社会生活和文化发展的重要组成部分。

网络文化产业在产业结构、发展模式方面与传统文化产业相比，具有不同的特征，须遵循经济规律，在复杂的市场环境中，网络文化产业的灵活性使之成为经济新的增长点，极具发展潜力。国家层面出台了一系列与网络文化产业发展相关的指导性文件、扶持政策和法律规范，为网络文化产业的发展指明方向，并通过良好的政治政策环境最大限度释放产业发展的活力。

"文化产业"这一概念在我国政府资料中最早出现于1992年国务院办公厅综合司所编著的《重大战略决策——加快发展第三产业》一书中,1998年原文化部设立文化产业司;2000年党的十五届五中全会中通过的《中共中央关于制定国民经济和社会发展第十个五年计划的建议》(以下简称《建议》)"首次明确提到了'文化产业'和'文化产业政策'这两个概念,而且还具体提出了推动文化产业的任务及要求,如完善文化产业政策,加强文化市场建设和管理,推动有关文化产业发展并将文化产业列入国民经济和社会发展计划之一"。① 《建议》确认了文化产业的合法性地位,成为文化产业政策演变过程中一座里程碑。自此以后,政府开始着力于以政策促发展,特别是加入世贸组织后,全球化市场深刻影响着国内文化建设环境,国家也开始重点关注文化产业的改革发展与转型。在党的十六大报告中,中央将文化产业彻底从文化事业中剥离,明确区分了文化事业和文化产业,指出"要积极发展文化产业,要坚持'一手抓繁荣、一手抓管理'的方针,对文化市场进行有效管理,使文化的发展能够有一个较为宽松的、自由的、公平的环境"。② 还强调"对文化事业和文化产业都要加强发展,不可忽视任何一方的发展,强调文化产业是国家发展的关键,对于人们的文化境界的提高有着至关重要的作用,要完善文化产业政策,来推动其发展"。③ 该报告明确了新时期文化产业作为"我国经济建设发展的主要任务",并再一次确认了其合法性。再后来,政府又多次明确文化产业的定位,出台系列方针政策,为文化产业的发展指明方向,对文化产业的认识也更加深入。

随着改革开放不断深化,文化产业战略性地位不断凸显,并被纳入国民经济发展规划中。"提升我国综合国力的迫切需要,是增强民族凝聚力、提升民族创新力的必然要求,将作为转变经济增长方式、促进社会转型和调整经济结构的强大推动力,以推动我国发展方式的转变和社会经济的发展"。④ 2010年,党的十七届五中全会通过的第十二个五年规划建议将"推动文化产业成为国民经济支柱性产业"作为目标,这是我国最高决策机关第一次正式将文化产业发展置于影响国家经济发展要素的重要位置;此后,政府多项文件及政策均包含加快文化产

---

① 孟丕. 改革开放以来中国特色社会主义文化产业政策演变研究[D].兰州:兰州交通大学,2020.

② 江泽民同志在党的十六大上所作报告全文[DB/OL]. https://fuwu.12371.cn/2012/09/27/ARTI1348734708607117.shtml.

③ 同上.

④ 孟丕. 改革开放以来中国特色社会主义文化产业政策演变研究[D].兰州:兰州交通大学,2020.

业发展,深化文化体制改革的关键内容,充分体现了文化产业在社会经济发展中的战略地位。

近年来,随着互联网技术的不断发展和中外交往的日益深化,网络文化产业作为文化产业的一种新业态冉冉升起,迎来了新的机遇与挑战,国家政策方面也不断结合新形势,与时俱进。2017年,《文化部关于推动数字文化产业创新发展的指导意见》,认定"数字文化产业以文化创意内容为核心,依托数字技术进行创作、生产、传播和服务,呈现技术更迭快、生产数字化、传播网络化、消费个性化等特点,有利于培育新供给,促进新消费。当前,数字文化产业已成为文化产业发展的重点领域和数字经济的重要组成部分";①还就网络文化产业专门强调要丰富网络文化产业内容和形式,"实施网络内容建设工程,大力发展网络文艺,丰富网络文化内涵,推动优秀文化产品网络传播。鼓励生产传播健康向上的优秀网络原创作品,提高网络音乐、网络文学、网络表演、网络剧(节)目等网络文化产品的原创能力和文化品位。利用社交平台与用户开展线上线下交流,提升消费体验。保护、激励原创,促进网络文化产业链相关环节的融合与沟通,研究建立规范合理的分成模式。深入推进互联网上网服务行业转型升级,开拓线下体验服务新领域"。② 这也是第一次从国家政策的层面为网络文化产业指明发展道路。党的十九届五中全会要求要尽快实施文化产业的数字化战略,推动新型文化业态、文化消费模式的出现和发展;同年,《关于推动数字文化产业高质量发展的意见》再次指出"要充分运用动漫游戏、网络文学、网络音乐、网络表演、网络视频、数字艺术、创意设计等产业形态,推动中华优秀传统文化创造性转化、创新性发展"。③

在《国民经济和社会发展第十四个五年规划和2035年远景目标纲要》中,也再次重申对网络文化产业的重要性,表明要加快发展新型文化业态,跟随数字产业化和产业数字化发展趋势,"深度应用5G、大数据、云计算、人工智能、超高清、物联网、虚拟现实、增强现实等技术,推动数字文化产业高质量发展,培育线上演播、数字创意、数字艺术、数字娱乐、沉浸式体验等多种新型文化业态。充分运用数字文化产业形态推动中华优秀传统文化创造性转化、创新性发展,继承革命文

---

① 文化部关于推动数字文化产业创新发展的指导意见[DB/OL]. https://www.gov.cn/gongbao/content/2017/content_5230291.htm.

② 同上。

③ 文化和旅游部关于推动数字文化产业高质量发展的意见[DB/OL]. https://www.gov.cn/zhengce/zhengceku/2020－11/27/content_5565316.htm.

化,发展社会主义先进文化,打造更多具有影响力的数字文化品牌。促进数字文化与社交电商、网络直播、短视频等在线新经济发展,支持基于知识传播、经验分享的创新平台发展,并促进数字文化产业赋能实体经济"。①

同时,国家还出台了关于网络文化产业管理的相关规定。在《互联网文化管理暂行规定》中,明确了互联网文化活动的概念内涵、属性特征等,对活动主体及其合法权益进行限定,明晰责任和义务,以促进互联网文化管理、相关单位权益保障以及我国网络文化产业的健康有序发展。

综上可见,在政治环境方面,国家对网络文化产业高度重视,相关政策和指导意见给文化产业的数字化转型和发展提供了良好的市场环境、更大的发展空间和方向性的指导,不断激励网络文化产业创新发展,同时又有多元主体参与到网络空间的管理治理中,规范产业秩序,营造良好的发展氛围。

二、网络文化产业的经济环境分析

上文曾提到文化产业不同于文化事业,它将创造文化、传播文化与消费文化有机地统一,是兼具经济属性和社会属性的一种经济形态。就其经济属性来说,"文化产业的经济属性既具有一般经济活动的属性特点,也具有文化经济所特有的个性创造、快速便捷、复制拷贝、绿色环保、高附加值和高风险性的特点",②因此从宏观上来说,文化产业的发展与经济社会的状况息息相关,既需要遵循市场规律,也需要遵循价值法则。

根据国家统计局发布的《党的十八大以来经济社会发展成就系列报告》,我国经济总量在过去 10 年连上新台阶,2013—2021 年 GDP 年均增长 6.6%,高于世界同期平均增长 2.6% 的水平,也高于发展中经济体同期平均增长 3.7% 的水平。中国对世界经济增长的贡献平均超过 30%,位居世界第一。2013—2021年,中国人均 GDP 也实现新突破,2021 年达到 80 976 元,扣除价格因素平均增长 69.7%,与 2012 年相比年均增长 6.1%,连续三年突破 1 万美元大关,牢牢站在中等收入国家的行列。近年来,我国的经济结构不断优化,从高速发展到高质

① 中华人民共和国国民经济和社会发展第十四个五年规划和 2035 年远景目标纲要[DB/OL]. https://www.gov.cn/xinwen/2021 - 03/13/content_5592681.htm.
② 薛永武.论文化产业的经济属性和社会属性[J].山东大学学报(哲学社会科学版),2016,218(05): 32 - 40.

量发展迈进，内需潜力不断被释放，数据显示，2021 年，中国最终消费支出贡献了 65.4％的经济增长，比 2012 年增长了 10.0 个百分点，高于全部资本形成的 51.7 个百分点，消费成为拉动中国经济增长的主要动力。教育、娱乐、旅游等中国其他消费领域的比重逐步上升，交通通信、医疗保健、娱乐等服务类消费占比有所上涨，人们的消费不止于物质商品，对于精神文化产品的需求也大幅提高，消费需求愈加多元化，经济的发展刺激了文化产业的蓬勃发展，市场活跃程度不断提高，而文化产品的消费又成为促进经济发展的新动能，形成积极的相互作用力。尤其是在 2020 年新冠疫情暴发后，网络支付、无接触支付等方式受到青睐，成为继即时通信、网络视频（含短视频）后的第三大网络应用，消费场景向线上线下融合消费转型，消费结构也逐渐由实物消费为大头转变为注重体验和服务的"实物＋服务"双轮驱动，而线上经济的发展也带来了在线文化行业的逆势增长。根据国家统计局发布的数据，2020 年数字出版、动漫、游戏数字内容服务及互联网文化娱乐平台等 16 个新业态特征明显的行业小类共实现营业收入 31 425 亿元，比上年增长 22.1％，这表明，在线下活动受限的情况下，线上的文化产业反而迎来了巨大的发展机遇。并且，随着算法和大数据的发展，个性化的推荐成为了各平台的主流应用，用户的消费行为也从搜索型向消费型转变，而且伴随着网络直播和视频广告的兴起，新的经济模式（比如网红经济和口碑经济）不断成长。中国互联网络信息中心（CNNIC）发布的第 50 次《中国互联网络发展状况统计报告》显示，从 2020 年 6 月—2022 年 6 月，我国直播电子商务用户规模从 3.09 亿增长到 4.69 亿，复合年增长率为 23.2％；网民使用率由 32.9％上升至 44.6％，两年间增长 11.7 个百分点。

在文化数字化趋势下，《未来媒体蓝皮书：中国未来媒体研究报告（2022）》显示，我国数字经济近年来实现飞跃，各种线上需求被激活，中国的数字经济规模在 2012—2021 年经历了从 11 万亿—45 万亿元以上的增长过程，数字经济占GDP 的比重也从 21.6％上升到 39.8％，展现了数字经济对于国民经济发展的重要支撑作用。其中，数字经济核心产业规模实现加速增长，全国软件业务收入从 2012 年的 2.5 万亿元增长到 2021 年的 9.6 万亿元，年均增长速度达到 16.1％。截至 2021 年，中国产业互联网核心产业规模突破 1 万亿元，大数据产业规模达 1.3 万亿元，成为世界云计算市场中发展最快的市场之一。从 2012 年开始，平均增长速度超过 30％。在数字服务业方面，从 2012 年的 1.31 万亿元到 2021 年的 13.1 万亿元，中国全国网络零售市场规模连续 9 年位居全球首位，年均增长

29.15％。不仅如此,中国电子商务交易额近年来一直保持高速增长,从2012年的8万亿元增长到2021年的42.3万亿元,年均增长20.3％。电子商务、移动支付规模全球领先,网约车、在线外卖、数字文化、智慧旅游等新兴领域的市场规模不断扩大。根据博睿产业研究院发布的《2022年全球及中国数字经济产业发展监测报告》,全球数字经济市场规模在2021年达到384 060.5亿美元,同比增长3.3％,中国数字经济市场规模为424 455.4亿元、同比增长为10.8％,受市场需求推动影响,2022—2028年七年间,预测中国数字经济市场投融资规模同比增长处于−0.8％—19.3％,整体复合增长为9.3％,预计到2028年中国数字经济市场投融资规模为22 774.9亿元。

不仅如此,在数字经济领域我国不断拓展国际合作的广度与深度。习近平总书记在二十国集团(G20)领导人第十六次峰会上宣布中方将申请加入《数字经济伙伴关系协定》(DEPA),彰显中国开放姿态;同时,积极推动打造精品"一带一路",在网络基础设施、数字产业、网络安全等领域,加强与世界各国人民共建共享数字经济发展红利的21世纪数字丝绸之路。

尽管从目前的经济发展数据与态势来看,我国未来经济发展总体向好,但同时值得注意的是,目前全球格局错综复杂,多地爆发地缘冲突,加剧了经济发展的不稳定性。

然而,对于网络文化产业来说,挑战也是机遇。"口红效应"是经济学中一个有趣的概念,描述了在经济萧条时期,人们因为买不起昂贵的大宗商品,就会转而购买口红这样的廉价奢侈品,不用花大价钱就能够得到一定的心理满足感。而在当今社会,网络文化产品就成了口红这样的廉价奢侈品,人们能够通过网络游戏、网络小说、网络视频和网络直播等在网络上获得低价甚至免费的快乐与享受,所以即使在经济低迷期,网络文化产业仍有较大的发展空间,这在一定程度上是一个积极的信号。

三、网络文化产业的社会文化环境分析

结合上文分析,我国宏观经济的快速发展为社会层面的文化消费提供了良好基础,也助推了网络文化产业的勃兴。有关统计数据显示,中国2017年恩格尔系数为29.3％,已经达到联合国粮农组织划分的富裕标准。从1990年的8.8％到2017年的13.7％,用于文化娱乐的城镇居民平均消费比重有所提高。

1990 年至 2017 年，全国农村居民人均消费支出用于文化娱乐的比重由 5.4% 提高到 10.6%。根据马斯洛需求层次理论，当一国居民的物质生活水平达到富裕程度后，他们对中高端精神生活的追求将会大大提高，从而推动在线文化产业的进一步发展壮大，而这正是马斯洛需求层次理论所提出的目标。

中国互联网络信息中心（CNNIC）发布的第 50 次《中国互联网络发展状况统计报告》显示，截至 2022 年 6 月，中国网民中短视频用户规模达 9.62 亿，与 2021 年 12 月相比增长 2 805 万，在整体网民中所占比例为 91.5%；在线新闻用户规模达 7.88 亿，较 2021 年 12 月增长 1 698 万，占整体互联网用户的 75%；网络直播用户规模达 7.16 亿，较 2021 年 12 月增长 1 290 万，在整体网民中的占比为 68.1%。需要说明的是，在新一轮文化大爆发期间，网络游戏、网络音乐、网络小说等线上文化消费的全面停止与线上线下文化消费的快速增长形成了鲜明对比。随着网上购物的普及，市民的消费观念、购物方式发生了翻天覆地的变化。以 2020 年春节期间在网络平台免费播放的电影《囧妈》为例，可以将其看作一次市场试水，从传统院线电影转型为网络新片，大胆挑战院线的垄断地位。同时，人们的网上观影习惯、网上文化消费习惯等也得到了成功的培养。由此可见，从尝鲜到习惯，从被动到自愿，无论是网络文化自身的发展，还是作为传统文化消费的升级，社会上对网络文化的接受程度已逐步提高，广阔的国内文化消费市场为网络文化产业的发展提供了强大的内在动力。

另外，从社会人口素质来看，近年来，随着我国义务教育、社会教育等各类教育工作的不断推进，总体国民受教育水平和人口素质有所提升。《第七次全国人口普查公报（第 6 号）》数据显示，截至 2020 年 11 月 1 日，我国大专以上文化程度的人口有 2 亿多人。与 2010 年第六次全国人口普查相比，大学文化程度每 10 万人的人口从 8 930 人增加到 15 467 人。人口普遍受教育程度的提高，扩大了网络文化的受众群体，特别是促进了优质网络文化的发展。

不仅如此，随着技术和文化的发展，中国网民的作用也发生了变化。"产消者"（Prosumer）这一概念最早由阿尔文·托夫勒（Alvin Toffler）在其著作《第三次浪潮》中提出，是指生产者（Productor）和消费者（Consumer）的结合，即在移动互联网时代的新媒体环境下，被动的受众向主体性用户转变。在传统媒体时代，受众被视为被动的信息接收者，信息是由传播主体单向向用户传播的，受众没有选择和主动获取信息的权利，全都要依赖于媒体，但随着互联网技术的推广，人人都有麦克风时代的到来让受众逐渐取得了主动权，人们可以通过接入互联网公开表达自己的观点与想法,技术的不断发展更是降低了互联网内容生产发布的门槛,传者与受者的壁垒被打破,内容的创作主体不再局限于媒体机构和精英人群,无数的普通用户也可以参与进来,成为内容的创作者,成为互联网内容的传播主体,用户生产内容(UGC)已经成为网络内容的重要一环,用户已经不仅仅是作为消费者,而是互联网内容的重要一环,它更多地成为搜索(search)、反馈(feedback)、谈论者(talker),共同构成了网络文化的多样性。在这样的变化下,受众也不再是乌泱泱的无差异的群体,个体的差异性和需求的细分多样得到重视,网络文化产品也开始注重用户的个体性,通过大数据技术对用户进行精准画像和定位,以用户为中心,瞄准其痛点打造具有个人特征的定制化产品和服务,增强体验感。

当然,网络文化产业发展在总体向好的大趋势下仍面临诸多挑战。在社会层面,网络空间的文化环境有待改善是其中的一个典型。目前,网络空间中还存在大量历史虚无主义、涉黄涉非、涉低俗等违反社会公序良俗甚至法律规范的有害信息,存在盗版、侵权等盛行的不良网络风气,已有的原创文化作品整体质量也有待提高。针对这些问题,自 2018 年开始,公安部等国家相关部门每年都会组织开展全国公安机关"净网"专项行动;2021 年以来,"清朗"系列专项行动在国家互联网信息办公室的部署下有序展开;"剑网行动"中,各类网络侵权盗版案件得以查办,版权保护预警机制得以建立,重点作品实施版权侵权监控……这些举措将逐步改善网络空间的文化环境,在网络用户特别是年轻群体中日益普及为正版付费、为优质付费的理念,从而为优质原创作品提供更好的生长土壤,为网络文化产业的发展创造更好的生态环境。

就近年来引发社会广泛讨论的版权问题来看,当前,我国网络文化产业中的现有利益分配机制对原创内容支持不足,而不合理的利益分配直接导致了原创力和生命力的缺乏,在一部影视剧中,演员的片酬收入远超于作家、编剧这些原创内容生产者的收入,利益分配严重失衡,影响内容创作者的积极性,自然也不利于生产出优质原创内容。同时,目前我国对内容创作者的正当权利保护不足,首创成果不被重视,很多影视剧的制作过程中制片人、导演或者演员随意更改剧本,未经编剧授权随意践踏法律赋予剧本的修改权和保护作品完整权,导致诸多小说在影视化之后,其作者主动声称影视剧与小说原著无关。

此外,在网络文化的各领域中,我国普遍存在文化原创能力不足的问题。以网络文学和影视领域为例,近年来网络上出现许多热门文学 IP,IP 改编而成的古装偶像剧、玄幻剧等长期霸屏,但许多内容都有雷同,很多热门大 IP,比如《三生三世系列》《步步惊心》《花千骨》《甄嬛传》《爱情公寓》等，都陷入抄袭风波，还有许多热门综艺节目，比如《奔跑吧兄弟》《亲爱的客栈》《中餐厅》《偶像练习生》等，也被指直接照搬韩国的综艺节目，换一班人马就变成了一档国内大综艺，诸如此类的情况层出不穷，严重影响了我国文化产业的发展。全国人大代表、上海社会科学院副院长张兆安曾在"两会"代表采访中提到"当前，我国文化原创力缺失问题不容回避，核心原创的缺乏，造成同质化、低端化经营问题严重，产业链整合能力较弱。国内很多文化作品创造力不够，大部分作品属于模仿和复制"。我国是具有厚重历史的文化大国，但从目前的文化产业发展程度来看，我国匮乏的原创优质内容与全球巨大的文化市场不匹配，在发展过程中也出现了"流量为王""收视为王"的思维，市场对作品的评判"唯收视率论""唯票房论"，票房、收视率、点击率等成为评估内容质量的标准，这不仅导致网络数据大量注水造假，还会让制作团队的工作重心转向如何营销获得更多流量，而不是潜下心来打造优质原创内容。近年来，一些国产原创 IP，比如"熊出没""喜羊羊"等，都没有展现出我国应有的文化水平，也无法产生全球性的影响力。要提升整个网络文化产业的原创力，需要建立原创内容激励机制，激发内容创作者的积极性和创作活力。

四、网络文化产业的技术环境分析

网络文化产业是数字技术与社会文化紧密结合而产生的新兴产业，因此，科学技术贯穿产业转型和发展的过程，并在其中起到极为关键的支撑作用。目前我国科学技术快速发展，与网络文化产业相关的新技术、新模式不断涌现，尤其是移动互联网的发展与进步，深刻改变了社会中的不同个体，包括人与物之间连接和互动的方式，对于社会格局和结构将产生深刻影响，而经济发展的范式也将有颠覆性的改变。

移动互联网是网络文化产业的基础设施和核心技术，顾名思义，是指"以移动网络作为接入网络的互联网及服务"，[1]主要包括"移动终端、移动网络和应用服务"[2]三个要素。当前，移动互联网产业高速发展，基础技术已日臻完善，产业

---

① 傅耀威，孟宪佳.移动互联网技术发展现状与趋势[J].科技中国，2017(12)：60-62.
② 阎毅，等.信息科学技术导论[M].西安：西安电子科技大学出版社，2014.

的发展方向反而更多地从技术驱动向需求驱动过渡,相较于技术颠覆,与目标受众相连接,探索移动互联网产业应用和模式创新发展,更容易满足用户的多元细分需求。近年来,我国移动互联网基础设施建设不断完善。根据第 50 次《中国互联网络发展状况统计报告》:"截至 2022 年 6 月,我国网民规模 10.51 亿,较 2021 年 12 月新增网民 1 919 万,互联网普及率达 74.4%,较 2021 年 12 月提升 1.4 个百分点。同时,我国手机网民规模为 10.47 亿,较 2021 年 12 月新增手机网民 1 785 万,我国网民使用手机上网的比例达 99.6%。固定宽带接入用户数稳步增加,千兆用户占比超一成。三家基础电信企业的固定互联网宽带接入用户总数达 5.63 亿户,较 2021 年 12 月净增 2 705 万户。"①以上数据表明目前我国移动互联网的接入情况不断增长,逐渐弥合"接入沟",人民群众可以享受到互联网作为基础设施所带来的便利,网民从"触网"到"用网",再到"享网",感受着互联网发展及其所带来的信息、娱乐和社交等服务的升级,在更大的企业和社会层面,互联网促进了企业管理服务平台的建立和一体化政务平台的建设,帮助全行业全社会走上了数字化转型之路,助力产业升级,使得社会整体高效发展。

移动互联网技术的发展也催生了技术要素的更新迭代,并基于此架构新的产业样态。5G 技术在 4G 技术的基础上发展而来,以其高速率、低功耗、低延迟、泛在网的特性,使得整个网络生态和文化产业产生巨大变革,时间、空间的联系,人与人、人与物的连接都不再受限,为"万物互联"的智慧生活带来实现的可能。"5G 时代的传媒平台将不再是一个以传播新闻、信息和提供娱乐为主的小媒体平台,而是一个集信息、教育、娱乐、购物、医疗、交通和生产等为一体的,围绕人类各种生活、工作需求的大的信息交换平台。"②在 5G 时代,网络生活不再是一种区别于日常生活的享乐,而是真正融入生活中,成为一种正常运行的生态,"生活在云端"不再是一种想象,人们的线下生活逐渐向线上转移,5G 技术让网络和其他业态的融合迎来史无前例的突破。以网络视频为例,在 5G 技术带来的大传播格局下,视频成为信息的主流载体。在社交方面,视频为社交带来了新方式和新可能,视频不仅能够实现即时通信,还能帮助用户更加生动地表达自我,沉浸式地拥有还原场景式的超真实体验,带来"在场感",让线上的社交不再触不可及。在文化层面,网络视频成为传播文化的载体,其自身也创造并成为了

---

① 中国互联网络信息中心:第 50 次中国互联网络发展状况统计报告[R].北京.2022.
② 陆高峰.畅想 5G:传媒业新的机遇和挑战[J].青年记者,2019(03):110.

一种流行文化。短视频打破了网络文化传播的门槛，通过简单便捷的操作模式和快捷的一键生成模板（滤镜、花字、贴纸、bgm 等），所有人都能够生产、消费内容，成为内容的创作者和消费者。同时，线下的各种文化艺术形式通过视频的方式也能够在线上得以展现，被更多人看到，扩大自己的传播声量，而且还能以视听感官相结合的方式来丰富观众的体验，实现深层次的互动，使得文化内容润物无声，比如，在抖音快手等平台就有许多民间艺术家和非遗传承人通过短视频的方式展现、传承自己的技艺，激发用户对于文化艺术的兴趣，并且带动文创周边产业的发展，给文化从业者带来新的经营方式。在文旅产业方面，图片和视频等在线视觉元素的汇集能够给予用户更直观的体验，让"云上游"成为可能，各个旅游景区也都通过自己的视频账户来宣传推广景区，"网红打卡地"和"打卡旅游"成为一种热门的观赏路线方式，人们在视频平台上拍摄分享自己的旅游体验，相互交流，共创内容。这样的营销方式也为乡村振兴提供了新思路，不少从前无人知晓的村镇通过视频平台的传播在网络上爆红，通过营销"热门打卡地"，吸引人流，带动周边经济发展。在在线教育领域，移动互联网和 5G 技术也发挥了重要作用，在高速的传输速率下，人们能够以更低的成本和更高效的方式通过视频来获取教育资源，尤其是在线下教育资源分配不均的情况下，如 MOOC、网易公开课等在线教育课堂能够在一定程度上分担教育资源紧缺的压力，让偏远地区的用户也能均等地拥有享受优质教育资源的机会，为实现教育平等发挥作用。而且视频具有更为优越的特性，比起图文资源能够以动态丰富的视觉体验来包装知识，提高知识的传播效率。随着未来新技术的大发展，在线教育可能会迎来更多潜能的迸发，例如，通过直播技术可以实现即时的互动和更直接的互动体验，比起录播，直播中用户的参与感更强，而且可以通过互动获得更多的信息增量，而 4K/8K 技术的超高清和低延迟传输让线上课堂可以展现更为精密的细节和操作，满足更多场景的需求。还有虚拟现实技术（VR）和增强现实技术（AR）的利用让全息投影成为可能，可以真正地打造沉浸式课堂，解决师资短缺的问题。除此之外，AI 技术也有望被广泛应用于在线教育领域，"5G＋AI"可以实现个性化的教学模式，实时捕捉学生的学习行为和了解学生的学习效果，让个性化的因材施教不再是一种想象。

除了 5G 技术，云计算、人工智能、虚拟现实等新一代信息技术在文化产业领域的深度应用也拓宽了网络文化产业发展的平台和边界。5G 技术、大数据和云计算可以共同打造万物皆媒、万物互联的"物联网"，让云端世界逐步走进现实,提高社会工作生活效率,重塑产业格局和发展逻辑。而虚拟现实技术不仅能带给用户沉浸式的在场体验,还能够通过创新广告形式和效果带来商业模式的升级,"VR视频中的虚拟物品、人物、增强性情境信息等带来全新连接方式,这些新的感知和交互维度可以增值服务方式,产生新的付费收益"。[①]VR技术和传感器技术可以通过在多场景中对用户眼球、动作、情绪和生物特征等进行追踪识别分析,通过分析结果可以洞悉用户的行为轨迹和习惯偏好,让广告做到因时因地因人的个性化精准投放,在传播效果方面也可以更为精细地测量判断并实时检验改进。传感器的应用还可以让人的身体、心理直接与外界进行信息交换,带来媒介领域的深刻变革,对网络文化产业产生深远影响。

但在技术领域还有一些问题值得关注。

其一,我国企业的创新能力相对薄弱,在互联网相关的关键技术上攻关动力不足。在国外,有马斯克这样的科技巨头,致力于新能源汽车的研发,开发了特斯拉这样的跨时代汽车产品,使特斯拉成为全球市值最高的汽车公司,还不断尝试科技突破,研发SpaceX火箭和开启星链项目,寻求在卫星互联网技术上的飞跃。我国的企业也应该具备这样的探索创新精神。我国的核心技术起步较晚,在芯片制造领域面临"卡脖子"难题,芯片制造是当今我国制造业中罕见的技术水平还在持续指数增长的领域。除了刻蚀机等极少数设备外,中国在芯片制造设备上与国外差距较大,须迎头赶上。即使在较为成熟的芯片制造领域,中国设备所占的份额也不高,表现在统计数字上就是芯片制造产能占比过低,即使算上英特尔、台积电、海力士等在华外资企业的产能,中国大陆也仅占全球芯片产能的13.9%,芯片的一半仍需要进口。再者,中国企业创新意愿较弱,近年来中国在基础研究方面持续加大投入,但原始创新能力仍显不足,基础研究方面的短板仍较为明显。这其中很重要的原因就是企业的研究意愿不高,投入不多,能力不强。中国企业的研发经费在整个社会的研发经费中所占的比重已经接近80%,但主要是应用技术的研究和开发。2008—2018年的统计数据表明,我国企业在基础研究方面的投入仅占企业研发投入的0.1%,占全国基础研究总投入的1.5%,造成制造业关键核心技术攻关缺乏动力,进展缓慢,成效不彰。此外,我国关键共性技术供给不足。关键共性技术属于赛前竞争性技术,能在多个行业

[①]　喻国明,杨雅,曲慧等.5G时代"视频＋"的重要应用场景研究[J].中国编辑,2020,131(11):9－15.

广泛应用并产生重要影响,具有基础性、关联性、系统性和开放性等特点。通常,各国技术创新政策的关键是加强对关键共性技术的研究。当前,我国在关键共性技术研究方面与发达国家相比仍有较大差距,在关键共性技术研究方面与发达国家相比,与制造业高质量发展的要求相比仍有较大差距。对于尚未建立、组织机制不够健全、政策支持不够连贯、资金投入不足、平台运行不够理想、成果共享和推广应用机制有待健全的多元化关键共性技术研发创新体系要加大投入力度。因此,要推动网络文化产业高质量稳定发展,应当掌握核心技术的主导权,努力通过技术的突破来提升自己的核心竞争力。

其二,虽然从宏观上来看,技术发展欣欣向荣,我国网络产业技术力量雄厚,但是我国在技术的实际应用创新领域仍面临一定的挑战。目前我国互联网发展与国外还存在一定的差距,2021 年全球互联网企业市值前 20 名榜单中,中国上榜的互联网企业只有两家(腾讯和阿里巴巴),而美国上榜的互联网企业则有 15家,我国互联网企业核心竞争力仍有较大的提升空间。在一些有关自主知识产权的核心技术方面,我国许多的网络应用软件都是由国外的原型迁移照搬而来,缺乏自己的原创能力和核心技术,而民族原创的网络游戏产品在网络游戏产业中也还未在网络文化产业中占据主导地位,拥有自主知识产权。我国网络文化产业在自主研发技术层面还存在一定的缺陷,应在创新人才培养、现有技术难点、拥有自主知识产权和核心技术等方面下功夫,为我国网络文化产业发展奠定坚实的技术基础。

第二章
网络文化产业发展的域外经验和理论框架

随着时代的进步,数字文化产业的发展成为经济增长的新源泉和新动力,更多地受到众多文化大国的关注。数字技术作为影响文化软实力的重要因素,同样深刻改变了传统文化产业的生产与消费格局。蓬勃发展的数字文化产业成为数字经济发展的新引擎。在新冠疫情的影响下,网络文化产业的发展也进一步受到世界各国的关注,纷纷制定政策法规,加速传统文化产业数字化转型进程。以美国和欧盟为首,它们出台相关法律法规和宏观战略政策,依靠自身强大的经济实力以及国际影响力,带动全球数字文化产业的发展。对世界上网络文化产业发展较为成功的国家和地区进行考察,分析其网络文化产业发展的现状并追溯其发展的历程,寻求背后成功的经验,给当下中国大发展中的网络文化产业提供借鉴。

第一节　全球网络文化产业的特点和趋势

从全球网络文化产业的总体竞争格局来看,发达国家凭借在数字技术及创意内容等方面的领先优势,持续引领着全球网络文化产业的发展。具体来看,美国处于全面领跑地位,网络文化产业占 GDP 的比重在 11％左右,占据全球影视票房的 1/3;北欧则在数字技术发展水平及内容创新方面遥遥领先,在 IMD2018 年发布的全球数字竞争力排行榜中,瑞典和丹麦分居全球第三、第四位;在创新能力方面,瑞典、芬兰、丹麦分居全球第三、第七以及第八位;在创意产业方面,英国具备领先全球的发展优势,创意产业产值在 2017 年超过 1 300 亿英镑,占据 GDP 的 7.3％;日本得益于经济产业省的政策支持,网络文化产业具有鲜明的特色,动漫制作主导了全球的市场格局。[①]

一、全球网络文化产业的特点

作为现代文化与互联网技术融合的产物,网络文化产业的发展已经全面渗透入人们日常生活,使得移动互联网通信更加便捷,也催生了各种创新型互联网文化商业模式。互联网文化产业以平台至上为特点,而选择作为平台的企业大多获得了较高的经济回报。平台的移动化和无界化发展的属性为互联网文化产业创造了无限的商机。互联网文化产业的发展必须满足两个条件:一是它的规模必须足够大,能够容纳大量的内容;二是互联网文化产业的每一个环节,比如分工和管理,都必须专业细致。相对于传统媒体平台的局限性,互联网平台的范围具有无限扩大的可能性。例如,谷歌对广告投放数量没有上限,这就会对传统媒体平台的增长产生重大影响。很明显,互联网文化产业是新型产业生态系统的一部分,它规模更大、更专业,也正潜移默化地改变着各国人民的生活方式和价值观念。互联网文化产业的核心组成部分是新媒体,作为历史上应运而生的一种全新的媒体形态,与之前的报纸、广播、电视和户外等传统媒体不同,信息共享、即时互动等特点,从根本上颠覆了传统的文化传播路径和传播模式,对人们的生产和生活产生了深远影响。

二、全球网络文化产业发展趋势

从未来发展趋势来看,发达国家的网络文化市场呈现越来越明显的饱和态势,发展中国家势必成为未来全球网络文化市场的重要增长点。一方面,网络文化市场开始由西方发达国家(北美、西欧)向东方新兴市场(中欧、东欧、亚太区)国家转移。普华永道《2016—2020全球媒体及娱乐行业展望》的数据统计结果显示,2015—2020年全球媒体娱乐行业市场平均年复合增长率为4.4%,而东方新兴市场国家年复合增长率达到8%,西方国家年复合增长率仅为2.5%。随着发达国家网络文化市场逐渐趋于饱和,市场增长率也不断趋缓,全球网络文化市场正逐步由发达国家向作为新兴市场的发展中国家转移;另一方面,南方不发达

---

① 窦凯.中国数字内容产业国际竞争力研究[D].北京:对外经济贸易大学,2020.

国家网络文化产业收入增长率较高。普华永道的统计数据显示,2015—2020 年南方国家(拉丁美洲、非洲及中东)营收增长率平均为 10％,北方国家(北美、欧洲)仅为 4.5％。在这种趋势下,北方国家试图谋求通过南北合作进入不发达国家市场,而不发达国家和地区也正试图通过南南合作方式,以期在未来的网络文化产业竞争格局中占据更加主动的位置。①

(一)多渠道鼓励数字文化产业发展

积极投入网络文化产业发展是发展数字经济的必由之路。特别是从 2020 年开始一直到 2021 年,在新冠疫情的影响下,各国纷纷制定政策鼓励网络文化产业的发展。新发展的总体趋势集中在以下三个方面:一是增加数字文化产业的资本投资多元化。例如,欧盟促进吸收外资和社会资本,以确保数字文化产业的资本投资多元化。二是加强对数字文化产业基础设施的建设。例如,美国发布《国会图书馆 2019～2023 年数字战略》,加大图书馆数字资源共享等基础设施建设,构建多个州联合的数字档案馆和图书馆系统,促进数字文化遗产的发掘。三是激励数字技术创新,加快传统文化产业的数字化转型。各国政府颁布各项政策鼓励数字技术创新,大力支持大数据、人工智能、通信卫星、5G 等技术发展,为文化产业数字化转型和发展提供基础动力和保障。②

(二)加强网络文化产业治理和版权保护

1. 加强网络文化产业治理

加强对网络平台的治理是全球网络文化产业治理中的必然趋势。例如,欧盟提出了在线平台监管、问责制和透明度的横向治理结构,具体策略是对网络平台提出更多合规要求,其中包括:平台必须建立用户内部投诉处理系统,与可信的举报人合作,更是要履行防止滥用,举报刑事犯罪,满足网络广告的透明度等义务。与此同时,美国也开始修订《数字千年版权法》,重新评估传统"安全港规则"在数字时代的应用,并有望改革平台责任豁免等规则。

2. 完善版权立法以适应数字时代需求

数字技术的飞速发展和新型文化产业的不断涌现,让传统版权法面临着巨

---

① 窦凯.中国数字内容产业国际竞争力研究[D].北京:对外经济贸易大学,2020.
② 靳雨露.域外数字文化产业发展新态势——以数字文化产业政策法律对比研究为切入点[J].中国广播电视学刊,2021(11):60 - 64.

41

大挑战,也督促政府机构不断及时地审视和完善版权法。各国加强版权保护的一些主要举措有:一是防范网络侵权,维护数字时代权利人的合法权益。针对数字新技术催生的网络侵权新现象,各国纷纷制定新的版权法,依托科学技术加持,严厉打击盗版等网络侵权等行为。"同时,各国对数字版权许可等规则进行改革,制定可协商的机械录制版权税率,以平衡和保障数字时代文化产业不同参与者的合法权益。"①二是建立版权例外和限制。为跨境教育中的文本和数据挖掘设置例外和限制等,使版权规则适应数字时代的需要,为文化创意产业发展新的商业模式创造良好的新机会。三是治理主体的多样性。世界各国优先建立多元化的数字文化产业治理机构。比如美国设立了版权局、版权税收审查法庭和信息政策委员会等专门的版权管理机构。

在世界网络文化产业发展如火如荼的同时,我国在网络文化产业领域也不断发力,2016年国家发布了《"十三五"战略性新兴产业发展规划》,提出要加快出版发行、影视制作、演艺娱乐等行业数字化进程,提高动漫游戏、数字音乐、网络文学、网络视频等文化产业品位和价值,首次从国家层面把网络文化产业纳入与新一代信息技术、生物、制造以及绿色低碳产业并列的五大支柱性战略性新兴产业之一;同年12月,原文化部发布《关于数字文化产业创新发展的指导意见》,从政策上开始重点布局和引导动漫、游戏、网络文学、数字文化装备、数字艺术展示等网络文化产业。这两份官方文件的相继出台标志着中国网络文化产业进入了新时代。由此开始,中国网络文化产业开始进入快速发展阶段。②

第二节　世界主要国家网络文化产业发展经验

目前,移动技术已经成为加速网络文化产业发展的核心推动力,并逐渐渗入网络文化产业的各领域。随着全球各国逐渐认识到网络文化产业的发展潜力,对网络文化产业的扶持力度也在不断加大,由此引发了网络文化市场日益激烈的竞争态势。为提升本国网络文化产业的国际竞争力,世界主要国家纷纷把本

①　靳雨露.域外数字文化产业发展新态势——以数字文化产业政策法律对比研究为切入点[J].中国广播电视学刊,2021(11):60-64.
②　窦凯.中国数字内容产业国际竞争力研究[D].北京:对外经济贸易大学,2020.

国特色元素融入进网络文化产业之中,[1]发展经验各具特色。

一、英国网络文化产业的发展经验

自 20 世纪 90 年代开始,英国就依靠强大的政府推进力来发展创意经济,经过近 20 年的高速发展,目前已经成为全球排名第二的创意产品生产国,同时也是全球重要的网络文化产品生产国,更是全球首个成功利用国家政策影响力促进创意产业(网络文化产业)快速发展的国家。英国在创意产业发展中所形成的一系列科学理念、系统政策及具体措施,对中国网络文化产业的发展有着极其重要的启示和借鉴意义。[2]

(一) 依托强大政府推进力加快网络文化产业发展

首先,英国对政府文化管理部门及时进行整合。英国贯彻的是"大文化"的发展理念,对文化管理机构进行改革,合并分散的管理职能,从而扩大管理范围。例如:1992 年,梅杰政府整合分散的六大文化管理机构,组建了国家文化遗产部;1997 年,布莱尔政府将国家文化遗产部改名为文化、传媒和体育部,并针对创意产业设立了"创意产业工作组",下设四个专门的创意产业机构,工作组主席由首相亲自担任,分设机构的领导职务分别由文化、传媒和体育部以及贸易和投资部的官员担任,该部门由此成为英国创意产业中最重要、最关键的政府管理部门;2011 年,卡梅伦政府成立了专门负责协调和指导国家创意产业发展的创意产业委员会。英国通过对文化产业实行集中统一管理,消除发展中各政府部门之间的相互牵制,最终推动了整个创意产业的飞速发展。

其次,英国政府对产业进行精确定位且引导得力。与其他国家使用"文化产业"或"网络文化产业"的概念不同,英国政府创造性地提出了"创意产业"的概念,并把包含电影、互动休闲软件、音乐等网络文化产业在内的 13 个行业纳入创意产业的统计范畴。这一分类体系也为全球其他国家的网络文化产业划分提供了有益的借鉴;文化、传媒和体育部于 1998 年、2001 年分别发布《创意产业路径文件》,明确创意产业的发展战略以及政策方向;2005 年和 2000 年又相继出台

---

① 窦凯.中国数字内容产业国际竞争力研究[D].北京:对外经济贸易大学,2020.
② 同上。

《创意经济计划》《英国创意产业竞争力报告》，为创意产业的发展建立了更加完善的政策框架。这一系列政策文件的出台虽然隶属于不同英国政府时期，但其发展思路却具有高度一致性。政府政策对产业的支持逐步细化，为英国整个创意产业的发展指明了方向。

最后，英国政府为推动产业发展积极创造有利环境。英国政府认为创意产业的发展离不开优越的发展环境，因此，在进行政策扶持的同时，英国政府还积极创造良好的人才以及金融环境。在人才环境建设层面，英国针对创意人才培养拟定了长期且系统的规划，为创意产业的持续发展提供了不竭源泉；产业技能委员会利用高等院校为网络文化行业开展人才再造工程；利用互联网对公共图书资源进行数字化改造，拓宽普通民众获取资源的渠道；利用旅游目的地举办博览馆以及画廊项目，对利用政府资助资金发展的文化艺术机构指导其进行艺术教育工作，实施创意合作伙伴计划，把英国青少年从小就纳入其中，为后备人才的培养打下坚实基础。[①] 在金融环境建设层面，英国在 1993 年颁布了《国家彩票法案》，目的在于利用国家彩票募集专项资金以推动创意产业发展；积极建立基金会以及包含各领域的融资网络，为创意企业解决融资困难问题；以政府融资为基础，引导私人资金流向创意产业，拓宽融资渠道。

（二）以完善知识产权保护促进网络文化产业发展

近年来，英国始终保持着版权输出大国地位。2014 年，英国数字出版行业收入高达 800 亿英镑，数字出版销售收入增长率达到 32%，数字出版版权输出额上升了 47%；影视行业的收入占据全球票房的 11%，音乐产业占据全球市场的 14%；数字出版、电影、音乐、游戏等网络文化行业占据英国 GDP 的比重达到 5% 以上。英国之所以能在网络文化产业上取得如此杰出的成绩，同其建立了完善的知识产权保护体系具有密不可分的关系。

一方面，英国建立了完善的知识产权保护法律体系。英国是世界上最早通过制定法律进行知识产权保护的国家，早在 1623 年，英国就颁布了世界上第一部专利法——《垄断权条例》；1709 年，英国颁布了世界上首部具有现代意义的著作权法——《安娜女王法令》。这两部法令奠定了英国在全球知识产权保护领域的始祖位置，也对以后各国制定知识产权保护法产生了重要的影

---

① 窦凯.中国数字内容产业国际竞争力研究[D].北京：对外经济贸易大学,2020.

响。与此同时,英国还通过加入保护知识产权的国际公约(如《保护知识产权的巴黎公约》《专利合作条约》等),不断推动全球知识产权保护法律制度的进步与发展。经过将近 400 年的发展历程,英国最终建立了具有自身特色并且较为完善的知识产权法律保护体系,为网络文化产业的发展构建了良好的生态环境。

另一方面,英国建立了科学的知识产权管理体系。为科学管理知识产权,英国政府于 1852 年颁行《专利法修正法令》的同时,还设立了英国专利局。1990年,英国规定专利局为政府的正式机构,隶属于英国贸工部(DIT),履行包含有关知识产权管理的六大职能;2007 年,英国政府为进一步向公众明确专利局的服务职能,将专利局改名为知识产权局,从而为利用知识产权做好保障。知识产权局既负责申报、审批及批准专利、商标、设计以及版权,又负责打击侵犯知识产权的犯罪行为,同时还负责协调政府决策机构、执法部门以及企业之间的关系,知识产权局实际上来说是一个综合性较强的知识产权保护机构。知识产权局为有效保护知识产权,制定了详细的规划,规定每年要分别发布总结过去和规划未来的年度报告及企业计划,同时在知识产权项目的审批及处理上都设定有明确的程序和度量标准。知识产权局为英国知识产业保护提供了高效的服务,进而也为英国创意产业(网络文化产业)的发展做出了杰出的贡献。

(三) 以跨界融合理念来推动网络文化产业发展

网络文化产业发展的新常态是跨界融合,英国创意产业(网络文化产业)的成功发展通过实践验证了这一观点。自发展之初,英国创意产业就秉承着"文化＋"的跨界融合发展理念,在其包含的 13 个分类(其中 7 类为网络文化产业)中,几乎每个行业都存在着明显的跨界融合现象。

一方面,英国积极推动"文化＋科技"的跨界融合。以网络文化产业为核心的英国创意产业之所以能够成长为核心增长极,主要得益于"文化＋科技"的跨界融合。在传统媒体改造方面,英国政府实施"多媒体革命",大力推动传统媒体向数字化转型。对英国广播公司(BBC)等国家重要媒体给予大量资金扶持,推动数字化转型,使其加速成为公共网络文化服务的提供者以及"数字英国"的推动者;积极研究互联网和数字技术对音乐消费、电影制作和销售以及知识产权保障的影响,并制定相应的产业数字化发展政策;大力推动广播、电影、电视、出版、设计等传统文化产业加速与现代数字技术融合,使其实现向数字报纸、数字图书馆、数字剧场以及数字教育等方向的转型。

另一方面，英国积极推动"文化＋旅游"的跨界融合。虽然英国未能拥有如中国、意大利以及埃及等国家丰富的文化遗产，但是英国通过"文化＋旅游"的方式将文化影响力提升至很高的水平。一是英国通过以"创意无限"为主题的文化节积极推动创意产业发展。统计显示，目前英国每年大约有 600 个艺术节活动，这些文化节激发了普通市民及学生的创意才能，提升了整个英国的文化活力以及多样性，为英国塑造了浓郁的创意氛围。二是英国通过"创意产业＋旅游业"的方式来发展创意产品。英国是目前全球排名第二的音乐产出国、排名第三的音乐销售国，这主要得益于剧院文化的推动作用。数据显示，英国剧院每年接待外国游客约 300 万人次，依靠票房和创意衍生品为英国增加了 7 亿英镑的收入，间接推动了音乐产业的迅速发展。①

二、日本网络文化产业的发展经验

为推动网络文化产业发展，日本从 21 世纪初开始就通过国家力量实施阶段化发展战略，并对战略规划进行逐步深化升级，从而促进了日本网络文化产业的快速发展。

（一）以阶段化顶层战略来推动网络文化产业发展

首先，通过"e-Japan 战略"及"u-Japan 战略"推动互联网在日本的普及和应用。2001 年，日本首相小泉纯一郎改组日本政府，成立了 IT 战略本部。同时，为推动互联网的普及及应用，政府制定并实施了"e-Japan 战略"，这一战略主要侧重于建设超高速互联网、推进电子商务、实现电子政府以及强化人才培养四个方面。得益于对该战略的有效执行，日本分别约有 3 000 万户及 1 000 万户家庭享用了高速网络以及超高速网络，网络资费全球最低，互联网普及率和手机等移动端互联网利用率分别达到了 66.8％和 57％，基本实现了"e-Japan 战略"的目标，信息通信网络基本建成，为网络文化产业的发展奠定了基础。2004 年，日本在"e-Japan 战略"的基础上提出了"u-Japan 战略"，目标是发展各种应用，促进网络中网络文化的流通，发展重点是将影像、音乐、游戏以及图书等内容数字化，为

① 窦凯.中国数字内容产业国际竞争力研究[D].北京：对外经济贸易大学,2020.

网络文化产业的发展创造有利环境,最终结果使得日本网络文化产业于2006—2010年实现了大幅度增长。[①]

其次,通过"IT新改革战略"推动网络及数字化完全普及。2006—2009年,在基本实现"e-Japan战略"目标的基础上,日本为建设IT网络社会提出了"IT新改革战略",其目标主要是对日本网络社会的基础进行巩固,利用IT的结构改造力量来解决日本存在的多种社会问题,同时为向全球发出日本声音并做出贡献。在此期间日本也经历了全球性金融风暴,为使经济重新焕发生机和活力,日本政府同时制定实施了"i-Japan战略",目标在于突破一批核心数字技术,并利用数字技术与信息技术的跨界融合发展使日本经济焕发活力。通过"e-Japan战略"以及"i-Japan战略"的实施,日本社会很大程度上实现了网络化和数字化,IT网络社会基本形成,极大地促进了网络文化产业的发展。

最后,通过"新成长战略"推动数字媒体网络新时代的发展。2010—2017年,为实现重振日本经济的目标,日本政府先后三次制定了"新成长战略"。2009年和2010年,新政权内阁会议两次制定了"新成长战略",提出了依靠科学、技术以及信息通信立国的发展战略;2013年安倍晋三重新审视日本的产业后制定了卓有成效的"新成长战略",即"日本再兴战略",其目标是让日本成为全球最领先的IT国家。"新成长战略"的实施,使日本强化了数字化通信技术,进一步推动了网络文化产业发展。[②]

(二)以"走出去"模式来加快网络文化产业发展

网络文化产业在日本被定位为积极振兴的新型产业。依靠新颖的题材、低廉的成本以及快速制作,日本的动漫、游戏等领域在全球占有重要地位,如日本对美国出口动漫产品的规模是其对美国出口钢铁产品规模的4倍。高度重视国际化发展战略,以"走出去"模式来加快网络文化产业发展,是日本促进网络文化产业发展的重要战略之一。

首先,日本制定了清晰明确的海外战略发展导向。在"u-Japan战略"中,日本明确提出网络文化产业战略较其他产业更能带动日本经济发展,并能加深全球对日本文化的尊重与理解,同时也能够提升日本在国际上的地位与形象,因而

[①]　窦凯.中国数字内容产业国际竞争力研究[D].北京:对外经济贸易大学,2020.

[②]　同上。

日本把有关网络文化产业的预算提升为 21 亿日元。其次，日本建立了专业化的海外市场拓展平台。2003 年日本经贸部成立了专门化的海外市场拓展平台——网络文化产业全球策略委员会，其目的是支持日本网络文化产品成为全球化的产品，该网络文化协会积极开展网络文化领域的国际交流计划，并为日本网络文化产业发展搜集必需的情报。最后，构建完善的海外市场开拓机制。为拓展海外市场，在文化厅及经产省的扶持下，日本建立了"内容产业国外流通促进机制"，其目标是支持日本网络文化产业的国际发展，振兴日本文化产业，确立著作权制度和开展国际必要的项目合作。[①]

（三）以强大的"移动技术"来支撑网络文化产业发展

技术进步程度是推动网络文化产业发展的重要动力，是决定一个国家或地区网络文化产业国际竞争力的重要因素。日本是凭借领先的移动技术获得网络文化产业发展优势的成功典范。得益于先有移动互联网再有互联网的发展格局，日本有着位居世界前列的尖端移动技术。作为全球首个运营 3G 网络的国家，日本创造了全球首个基于手机定制、手机内容平台以及网络服务的生态系统。同时，日本在通信网络的覆盖上全球领先，尤其是光纤用户渗透率高、移动通信网络覆盖率全球最广，进而推动移动互联网产业的快速发展，成为目前全球最为成熟的移动互联网市场之一。依托强大的移动通信网络，日本的手机音乐、手机阅读、手机游戏以及手机视频等诸多移动服务蓬勃发展，诞生出一大批世界知名的移动互联网企业（如 DeNA），并在 2013 年超越美国成为全球第一大移动应用消费国，是韩国移动消费规模的 3 倍。此外，在移动市场广告领域，在 2012 年之前，日本始终牢牢占据着全球第一的地位。[②]

三、韩国网络文化产业的发展经验

韩国之所以能够在较短时间内一跃成为网络文化产业强国，除了其特殊的历史传统以及文化氛围外，与韩国实施的政府主导型产业发展模式也有着密切关系。这种发展模式的一个显著特点是通过政府强有力的干预以及主导作用，

---

① 窦凯.中国数字内容产业国际竞争力研究[D].北京：对外经济贸易大学,2020.
② 同上。

积极运用宏观经济计划以及产业政策,并努力发挥市场机制在网络文化资源配置中的作用。①

(一) 以政府主导模式来推动网络文化产业发展

一是构建强有力的专门网络文化产业推进机构。为促进网络文化产业发展,韩国依据《文化产业振兴基本法》第31条的规定,在2009年成立了韩国内容振兴院(KOCCA),隶属于文化观光体育部,并在洛杉矶、伦敦以及东京、北京等地成立办事处,其核心业务是支援内容创作、支援海外输出、促进CT融合型文化事业发展、培养人才以及设立及运营相关的措施。二是加强对网络文化产业的资金、技术和政策支持。为加大对网络文化产业的资金支持,韩国构建了一系列支持网络文化产业发展的基金;在技术支持方面,韩国积极促进具备跨界性质的网络文化产业的发展;积极消除制度性障碍,改革网络文化产业等级审议制度。三是为企业制定针对性的海外输出战略。为有效促进韩国网络文化企业占据海外市场,韩国政府根据市场类别、产业领域以及区域差别等标准,为网络文化企业制定了具有针对性的海外输出战略;积极改善海外市场环境,努力消除海外网络文化产业市场存在的障碍。四是努力加强人才培养。韩国成立了专门的"文化产业培养委员会",制定高标准的网络文化产业人才培养计划;通过在高校设立专门的影视及游戏专业,培养高素质网络文化产业人才。

(二) 以"文化立国"战略来推动网络文化产业发展

鉴于韩国资源匮乏的现状,为了克服1997年亚洲金融危机带来的影响,韩国自金大中政府开始连续四届政府实施"文化立国"战略,实现了产业结构的转型、经济的增长及国际地位的提升,成为世界第五大文化强国,"韩流"更是席卷全球。

第一,金大中政府时期的《内容韩国蓝图21》(Content Korea Vision 21)。1998年,金大中政府指出,高新技术以及文化产业是21世纪韩国的立国之本,并于同年正式提出了"文化立国"的战略。2001年,为保障数字时代文化内容领域的竞争力,金大中政府制定了《内容韩国蓝图21》,其目标是让韩国成为21世纪的文化大国和知识经济强国。具体实现路径包括:调整相关法令和制度以适

---

① 窦凯.中国数字内容产业国际竞争力研究[D].北京:对外经济贸易大学,2020.

应数字时代发展需要、提升文化内容创作力量以构建内容产业发展基础、针对知识经济发展培育专门高端人才、扩大文化内容产品海外市场营销战略等五个方面。

第二，卢武铉政府时期的《C韩国战略》（C-Korea2010）。卢武铉政府于2004—2005年先后颁布实施了《创意韩国》《新艺术政策》和《C韩国战略》等文化内容发展规划，确立了"文化立国"的总体蓝图。其中尤以《C韩国战略》为代表，它确立了让韩国成为世界第五大文化强国的宏伟目标。具体实现路径主要包括：培育在国际上具备高水平的文化市场、革新文化产业流通结构、提升著作权产业的活跃度并为其发展提供基础、以韩流世界化来推广国家品牌等四个方面。

第三，李明博政府时期的《内容产业振兴基本计划》。李明博政府积极把握数字融合的发展现状，为提升韩国文化产业的国际竞争力，于2011年制定了努力让韩国于2015年进入全球五大内容产业强国的宏伟计划，即《内容产业振兴基本计划》。该计划的战略目标是"体现智慧内容的韩国"，为实现该目标制定了详细的5大核心促进战略以及15项重点项目。

第四，朴槿惠政府时期的以"韩流"文化创造经济的战略理念。朴槿惠在就任韩国总统之初就把"文化昌盛"作为其三大治国纲领之一，号召通过创意与技术相结合来创造新的经济增长动力。2013年，朴槿惠再次提出了"创造经济"的执政理念，希望通过广播、游戏、动漫、网络、影视等领域的"韩流"文化来创造新的经济增长点。

综合而言，从金大中政府到朴槿惠政府，韩国凭借连续、稳定的"文化立国"战略，利用"举国体制"来推动产业发展，最终取得了文化内容产业的巨大成功。

（三）以文化产业法律规范来促进网络文化产业发展

自1998年"文化立国"战略确定以来，韩国陆续出台了多部相关法律法规来保障文化内容产业的发展，成为"韩流""举国体制"不可或缺的重要架构，为文化内容产业发展创造了良好的环境。尤其是金大中政府于1999年颁布的《文化产业振兴基本法》，是韩国首部文化产业领域的综合性法规，明确了繁荣文化产业的基本方略，为文化产业发展奠定了法律基础。自《文化产业振兴基本法》颁布实施以来，四届政府根据经济社会发展状况，对该项法律不断进行修订和补充，截至目前已经多达三十几次。同时，韩国政府还对《影像振兴基本法》《著作权法》《电影振兴法》等多部文化领域的法律法规进行了多次修订,并推出了《文化产业发展五年计划》以及《21 世纪文化产业的设想》等纲领性政策性文件,为网络文化产业发展提供了全面的法律依据以及明确的宏观指导,促进了韩国网络文化产业的飞速发展。[①]

四、国外网络文化产业发展经验总结

(一)发达国家网络文化产业发展的成功经验

1. 以网络技术创新程度高端化奠定产业发展基础

互联网是由以美国为首的西方工业化国家所创立的,并由其引领互联网的发展和运营。从目前来看,他们并不想要减缓技术进步的速度,而是想要继续做网络技术发展的主要拥护者和引领者。下一代互联网、移动 IP 技术、物联网等新技术的发展正在持续进行中。新一代互联网主要指的是 IPoverWDM,也指光互联网,即直接在光纤上运行的互联网,具有更大的信息传输能力和更快的速度。而移动 IP 技术将允许人们在任何时间、任何地点进行无障碍通信。通过射频识别、红外传感器、全球定位系统和激光扫描仪等信息传感设备,物联网技术实现了对物品的智能识别、定位、跟踪、监控和管理。西方国家正在进行的网络技术现代化进程也促进了其网络精神文化的迅速发展,也使其内容更加丰富,形式更加多样化,传播更加快速有效。

2. 以网络文化建设模式多元化助力网络文化繁荣

由于历史、国家背景、政治制度和公共管理理念的不同,工业化国家主要创造了三种不同的网络文化产业模式。第一种模式被称为"政府主导",法国、日本为这一模式的典范。两个国家的各级政府都设有互联网文化管理办公室,对文化部门都给予了适度的资金支持。第二种模式被称为"民间主导",其中以美国与德国最具代表性。其国家网络文化建设包括了企业、个人、非政府组织等民间组织。美国政府倡导赋予个人主体更多的自由,让个人与企业能够拥有更多的自主建设和自主管理的权利。与此同时,政府通过运用相关法律法规保护并维持一个相对健康的网络文化生态环境。第三种模式被称为"去中心化",以英国和澳大利亚政府为首的私营部门所采用的分权制度是最典型的例子。其运作方

[①]　窦凯.中国数字内容产业国际竞争力研究[D].北京:对外经济贸易大学,2020.

式就是"在中央政府文化行政系统之外，建立起相对自主的、半官方的、专业的文化艺术管理基金会、网络观察基金会等组织，通过分配国家文化基金的方式，执行国家网络文化政策，建设其网络文化。"①

3. 用持续完善公共服务体系设计为产业发展保驾护航

西方发达国家根据各自国情不断进行探索，通过构建完善的网络文化公共服务体系为网民提供更加精细化的网络文化公共服务。首先，推进政务信息的网络化。例如，美国很早就意识到利用互联网提供公共服务的必要性，于是便要求各级政府建立政务信息网站，方便市民进行相关资料的查询。在 1985 年到 1995 年间，西方发达国家就已经开始系统发展电子政务系统了。其次，西方国家加快了对网络公共服务文化设施的建设。以美国为例，在推动传统公共文化机构网络化的同时，也加速了对网络公共图书馆、网络博物馆、网络公共纪念馆等网络文化设施的建设。美国的公共图书馆有着百分之百的网络接入服务覆盖率，同时还定时举办互联网基础知识教学培训，这些无疑都推动了互联网文化公共服务体系的规范化。西方国家广泛制定规章制度以规范互联网文化公共服务，维护人们使用这些服务的权利同时，也明确了服务主体的义务、标准、责任人，以及服务对象等。

4. 以完备的网络文化监管体系赋能产业体系

以美国、英国为代表的一系列欧美发达国家已经建立了一套比较完备及成熟的网络文化监管体系。该体系主要通过立法、行政监管、技术监管、行业自律、公众监督等方式，维护网络文化发展秩序和安全。自 1970 年以来，美国多个政府机构相继出台了《计算机安全法》《儿童在线隐私保护法》等 130 项法律法规。政府监管、行业自律再加上公众监督三方的相结合，最大限度地发挥行业组织的作用。例如，在 1996 年，英国网络服务提供商自发成立了半官方机构"网络观察基金会"，在警察局等相关机构的协助下完成着日常的工作任务。它与 50 家互联网服务提供商、英国大都会警察署和内政部签署了《安全网络：分级、检举、责任协议》，以促进从业者的自律性。在技术保障方面，美国、英国和以色列等国家大力发展防火墙、入侵检测和防御系统、VPN、漏洞扫描、病毒防护以及网络隔离等信息技术开发和应用。在行政监控方面，澳大利亚也制定了较为完善的网络安全战略，并建立澳大利亚计算机紧急响应团队(CERT)和网络安全行动中心(CSOC)。②

---

① 杜嘉诚.网络流行文化对大学生思想政治教育的影响与对策研究[D].锦州：辽宁工业大学,2020.
② 赵惜群,许婷,翟中杰.国外网络文化建设的经验及其启示[J].当代世界与社会主义,2013(01)：85-89.

5. 以版权立法保障网络文化产业内部良性竞争

版权保护是目前全球网络文化产业发展的核心问题。一个国家是否重视版权保护决定了其能否占据全球网络文化产业国际竞争力的前沿。[①] 作为全球网络文化产业最先起步且最发达的国家之一,美国在网络文化产业中已然形成成熟的市场体系。这与美国政府全面实施的版权保护战略有着密不可分的关系。

美国是全球较早推行版权保护制度的国家,首部《版权法》颁布于 1970 年。根据社会经济和时代潮流的变化,美国对《版权法》进行了不断的修订和完善:自 1790 年第一部《版权法》问世以来,美国国会发布了一系列版权保护法律,主要包括《电子盗版禁止法》《半导体芯片保护法》《跨世纪数字版权法》等。面对可能不断出现的新问题,美国政府还不断修订《版权法》,例如,《盗版和假冒修正案》(1982 年)、《国家电影保护法案》(1992 年)、《音乐作品许可制度下的合理使用法案》(1998 年)、《家庭电影法案》(2005 年)等,这些针对版权的不断立法为美国的数字出版物行业发展提供了强有力的保障。[②]

(二) 发展中国家网络文化建设的重要举措

1. 重视网络文化建设人才的培养和引进

随着数字时代的到来,发展中国家意识到了网络文化的重要性并逐渐加快了对网络文化产业发展的脚步,但短期的高素质人才匮乏成为了长期困扰着发展中国家的一大严峻的问题。所以,这些新兴国家通常都非常重视网络文化建设专业知识的培训和引进,而印度在这方面就处于国际领先的地位。在 20 世纪80 年代,印度先是推进了一项扩大计算机技术教育的计划,以此通过教育去培养未来劳动力。印度在 1998 年提出了"信息技术强国"的发展战略目标,并在发布的《印度信息技术行动计划》中明确提出"应成立全国当代资本主义信息技术教育委员会,并给各个年级的学生开设信息技术教育课程,建立 SMART 学校,培养学生的 IT 技能和信息技术相关的价值观等。"[③]这么多年后,印度已经建立了一套完整的教育网络信息技术专业人员培训的综合框架体系。根据《学校信息技术课程指南和教学大纲》所规定,印度小学一年级的学生就需要学习网络信

---

① 窦凯.中国数字内容产业国际竞争力研究[D].北京:对外经济贸易大学,2020.

② 同上.

③ 赵惜群,许婷,翟中杰.国外网络文化建设的经验及其启示[J].当代世界与社会主义,2013(01):85 - 89.

息技术方面的相关课程。往高年级说，不仅所有高校都开设了网络信息技术专业，更是有遍布全国的专门培养信息技术人才的职业院校和培训机构，而这么高的信息技术课程的普及性目的，就是为该产业培养从生产学习到研发的一系列人才。近年来，印度政府从各个方面推出了一系列的优惠政策，其中就包括了金融、税收、待遇、创业辅导、子女教育等。也正因如此，大量旅居海外的印度本地的科技人才被吸引回国。以在印度的知名大公司为例，软件技术人员的年工资平均增长了30%。印度政府为了吸引重要人才，甚至制定了承认双重国籍的政策。而网络技术专业人才的回流也极大地促进了动漫游戏、电子出版和电视媒体等互联网文化行业的兴起。

2. 在构建网络文化时考虑"后发优势"

"后发优势"这个词，最早出现在经济学领域。而现在，它已经慢慢渗透到了社会生活的方方面面。而网络文化建设水平较低的"后发"国家其实会比网络文化建设水平较高的"先发"国家更具优势。在现实中，大多数发展中国家都能够认识到自己的后发优势，并在构建网络文化时最大限度地利用这些优势。一方面，可以充分利用"搭便车"效应，立即借鉴先行国的先进网络技术，并研究其网络文化监控手段。马来西亚、菲律宾和哥伦比亚等国家就与华为、阿尔卡特朗讯、西门子等一些大型并有实力的企业展开合作，利用它们的尖端技术来改变或更新本国的国家网络。为了尽量避免那些发达国家在建设网络文化的过程中曾经遭遇的滑铁卢以及前车之鉴，发展中国家在制定本国的网络文化监管法律法规时也都在多多少少地借鉴着西方国家在该方面相对成熟的成功经验。比如，英国和美国等国家在最早期的时候将有限的时间和金钱等资源都投入到了网络基础设施上。现在，许多发展中国家都在优先发展无线网络、3G等移动网络技术，以节省对网络基础设施方面的投入，同时加快网络普及的步伐。

3. 注重网络文化发展的国际合作与交流

从当下来看，以美国为首的西方国家在世界范围内的文化交流中的文化霸权的问题日益凸显。他们用互联网的力量去实现文化霸权，并使其成为国家战略的重要组成部分，以实现对其他国家的影响和控制，这对发展中国家的文化安全产生了负面影响。在这种情况下，有一些发展中国家已经开始尝试打击互联网上的文化霸权。这些抵制措施主要是通过推动"发展中国家采取积极措施抵制互联网上的文化霸权主义。这些措施主要指通过开展广大发展中国家之间的'南南合作'和发展中国家与发达国家之间的'南北合作'来组建反网络霸权联盟"。[①] 例如,1988 年马来西亚政府提出的"超级走廊"计划,旨在联合新加坡、马来西亚和印度尼西亚的力量,在东南亚打造一条连贯的信息产业"走廊"。印度尼西亚和马来西亚在 2000 年协同举办了信息技术商务会议,并在国内实施了"智慧学校计划"以普及信息技术。此外,发展中国家更是充分利用了与发达国家网络发展的差异,进行"南北合作"。中国、日本、韩国这三个东亚人口最多的国家处于不同的发展阶段,但都因英语在国际地位上的过于强势和母语的劣势而难以实现更进一步的国际网络交流。所以为打破英语在全球域名注册中的垄断地位,三个国家在 1999 年开始合作开发亚洲文字域名系统。目前,三个国家已经有效地建立了各自母语的域名注册系统。

第三节　域外网络文化产业细分领域探析

艺术文化产业包括表演、视觉艺术、文学、媒体等诸多行业。这些不同的艺术文化产业之间一个关键的区别是,现场戏剧、舞蹈、音乐表演以及艺术博物馆和画廊是需要艺术工作者或艺术品与消费者共同存在的艺术活动。而像录制好的音乐、电影和视频都是受制于数字技术分发的艺术活动。从某种程度上来讲,互联网对后者的影响更为显著。表演艺术、博物馆等艺术产业可能没有那么容易受到互联网的影响的原因有二。一方面,它们的吸引力是感官上的,而数字化传输是无法满足我们在这方面的欲望的。看舞蹈演员表演,在现场听音乐,站在一个伟大的艺术作品前,这样的沉浸式体验没有任何数字化呈现可以替代;另一方面,由于现场表演和展览比较难获得高利润回报,所以在世界上大多数地方,这些艺术活动的所有权都属于公共或非营利机构。然而这些机构通常对环境变化并不那么敏感。

事实上在美国,剧院、管弦乐队和博物馆都在试探性地接受数字化这项新技术。在对接受美国资助的 1 200 个组织进行的一项研究中发现,几乎所有的受访者都表示根据美国联邦艺术机构报告,这些机构都纷纷在使用互联网出售门票和发布视频进行宣传,同时也在维护 Facebook 等网站。然而,只有三分之一

---

① 赵惜群,许婷,翟中杰.国外网络文化建设的经验及其启示[J].当代世界与社会主义,2013(01):85-89.

的组织雇用全职工作人员主要负责他们的在线活动。这表明他们在某种程度上限制了自己参与大众社交媒体。综上所述，至少在美国，传统的非商业文化组织似乎已经逐渐开始接受互联网技术，但目前只是在相对浅层试探的阶段。

一、数字艺术史的发展

虽然艺术史学者和其他人文学者有时会被指责在采用和开发数字方法和工具方面有所拖延，但对于数字艺术史（Digital Art History）在很久之前就开始了，艺术机构使用数字工具和方法有悠久的历史。博物馆部门是最早期的采用者，数字化艺术史主要基于博物馆和收藏环境，是结合了艺术品和艺术家的数字化管理方法。早在 20 世纪 60 年代中期，美国的博物馆计算机网络和英国的博物馆集团等组织在博物馆藏品管理中纳入计算机运用的倡议就已经形成。1968年，由 IBM 和纽约大都会艺术博物院共同主办了具有里程碑意义的会议。纽约大都会艺术博物馆探索了计算机技术在博物馆中的潜在应用。当时博物馆的管理人员最大的难题就是如何形成清晰、简单和可靠的分类和检索方法来保持对博物馆的管理，因为不断增长的收藏和目录对于管理来说是个巨大的挑战。通过计算机将博物馆记录和其他文本材料数字化，无疑为机构信息的泛滥提供了一个有效的解决方案。

到 20 世纪 80 年代，个人研究人员已经可以负担并使用计算机了。鉴于这一发展，英国的一组研究人员于 1985 年 10 月成立了计算机与艺术史组织（CHArt）。他们的目标就是"实现用现代计算机技术对艺术史进行研究的可行性"。也正如这些早期的会议和组织所预言的，艺术史学家和博物馆在计算机技术问世后就对数字化这一概念产生了浓厚的兴趣。虽然 CHArt 最初是由伦敦大学伯克贝克学院的艺术史学家组织的，但国家美术馆和大英博物馆等博物馆的代表很早就是该组织的核心成员。尽管 CHArt 是在大学背景下发起的，但是 CHArt 期刊上所发表的大多数文章，都涉及博物馆和机构收藏的运作。

艺术史学家对数字方法和工具的使用，与博物馆的实践和收藏机构对其的关注密切相关。数字艺术史包括了许多数字化的项目，比如在 20 世纪 60 年代的后期有部分机构的项目，其中就包含了使用计算方法的个人研究项目，以及 CHArt 成员开创的项目。在当今的数字人文学科中，计算方法就包括了许多不同的自动文本和图像分类分析技术，例如模式和图像识别、文本挖掘和网络分析。因此,当代数字工具不仅可以用于对馆藏中的物品进行分类和检索,还可以将馆藏内容可视化,供博物馆的参观者和学者观赏研究。

博物馆作为一个承载文化精神和历史溯源的机构,是 19 世纪百科全书式思维方式下的历史产物。当时的学者、国家代表和博物馆都在努力绘制、收集和分类整个世界。这也是为什么数字化艺术历史对收集、映射和管理大型数据集有着如此强烈的关注。因此,数字化艺术史可以被誉为 19 世纪艺术史学术的复兴。在数字艺术史计算分析中通常使用的一种逻辑就是,对藏品按照时期、风格和艺术家等进行分类。这样按照固定类别组织的大型馆藏是与数字管理方法高度兼容的。与此同时,许多数字化项目都是基于"简单化"原则,即首先数字化易于访问的、大型的相关项目。博物馆或研究机构需要制作大量模拟目录去标记已有的信息或原始数据,这样当某个艺术品分散在几个博物馆、私人档案馆、画廊或者是其他视觉文化收藏机构的话,数据迁移就会更为方便。但在实践中可以发现,通常来讲,艺术大师的作品因为有详细的记录和清晰明了的数据,所以在数字化项目中是非常好管理分类的。而那些不太知名的艺术家和图像制作人的作品和图像由于记录较少,组织性较差,甚至缺少归属和创作年份等基本信息而变得比较难管理。总而言之,目前可用于计算分析的数字化艺术收藏品基本都是由博物馆已经形成并分类好的数据集所组成的。

二、线上博物馆

在文化产业中,数字革命也涉及博物馆业务。从网站的引入到数字技术的使用,游客体验得到了提升,不同文化的利益相关者之间也有了互动的空间。博物馆的数字化与其日益增长的国际性有关。根据联合国教科文组织(UNESCO)2020 年起草的一份报告,世界上约有 9.5 万个博物馆组织,但是它们的分布并不均匀,其中:65% 位于北美和西欧;33% 位于东欧、拉丁美洲和亚太国家;非洲只有 0.9%;阿拉伯国家地区只有 0.5%。报告还显示,在 2010—2020 年中,世界范围内的博物馆数量增长了近 60%。

事实上,工业 4.0 的范式和数字化时代的到来以及所衍生的现代技术的不断发展,早已对博物馆行业产生了重大影响。这就意味着,传统的基于三维展品和文物的博物馆实体模型已经迈向了基于新的技术改革的模式,从而彻底改变了博物馆在社会中的角色。博物馆随着社会环境的改变重新适应着新兴技术,同时向公众展示着它们正处于技术发展的前沿。

数字化转型对博物馆来说是至关重要一步，因为这将涉及按既定程序进行的每项活动的变化。换句话说，它代表了博物馆机构的一个重要转折点。博物馆文化的数字化重组开启了博物馆与观众之间的一种新的关系，让参观者和博物馆叙事之间的相遇变得更为动态化。从另一个层面上来说，数字转型使博物馆有了新的社会角色，并在目标受众上给自己重新定位。自从数字化转型以来，博物馆一直在努力摆脱"陵墓"这样的标签。为了从人们长久以来对博物馆的偏见中解脱出来，博物馆有着强烈了尝试突破的意愿，而数字化管理方法正是当下最有利于它们的突破口。博物馆开展创新活动的能力，使它们不仅能够细化自己的受众，而且能够与整个社会以更具互动性的方式进行展示和连接。毫无疑问，信息通信技术已经成为刺激整个文化产业转型和不断发展的主要决定因素。随着技术进步在社会和行业中所带来的积极前景，博物馆的性质和形象也随之改变，开始为不同的群众需求提供不同的服务。博物馆不仅成为社会各界人士的公共集会和聚会场所，同时它也为重要的研究项目提供服务。

无论是从参观者对博物馆的看法上，还是在给游客传递体验的方式上，博物馆都做出了很大的改变。从一开始的网站引入，到后来博物馆越来越多地将数字技术引入其结构中，以改善游客的体验，并提供了一个让各种文化利益相关者互动的空间。但数字技术的出现并没有让博物馆的物理视图消失，而是增加了一个数字空间，两个空间相辅相成，同时发挥着提供和传达知识和内容的作用。这种改变带来了博物馆参观中的新型体验，比如充分利用新兴数字技术研发的虚拟导览和互动沉浸式体验，还有已经有着成熟的设计并被投入大范围使用的在线票务功能。还有不少博物馆开始运用聊天机器人、虚拟收藏、虚拟参观、3D动画、数字民族学、游戏化、人工智能、增强现实、虚拟现实、社交媒体平台、直播等数十种数字创新技术以满足当前游客的多样化需求，尤其是千禧一代的需求。

（一）新技术在线上博物馆产业的应用场景

博物馆对于新兴的网络技术应用主要分成三个部分：文化推广、现场运用以及管理和组织活动。

1. 文化推广

博物馆被要求采用网络技术工具，以便在网上吸引观众的注意力，以客户为导向,提升参观者在博物馆内体验的参与度。这些技术工具包括博物馆网站和社交网络。公众在博物馆网站能够以最直接的方式进行文化服务的预订和购买,比如购买门票、导游预订等。同时向群众开放所有关于访问和优惠的相关信息,例如开放和关闭时间、日期和价格。博物馆更是开始应用各种社交网络,如 Facebook、Twitter 或 Instagram。这些在线平台的功能为博物馆组织的活动等有关信息提供了一个全新的宣传与传播的空间。被添加到在线票务中的这些元素方便了游客的在线访问,使博物馆在网络上可以获得更大的国内和国际知名度。此外,博物馆通过在线售票可以进行用户画像收集,将获得的访客数据存储在计算机系统中。这有利于后期对于业务的运营宣传,比如制作个性化广告等。

研究表明,社交网络进一步促进了博物馆与观众之间的广泛交流,形成了一种具有创新性的博物馆-用户交流模式,比如反馈机制。博物馆组织使用的另一种数字技术,以聊天机器人为代表,被使用于官网和社交网络,从而确保对访客的服务效率并提高客户满意度,然后再使用情绪分析来衡量访问者的意见,了解用户体验。参观者也可以在完成游览项目后将自己的感受通过网络反馈给博物馆,而博物馆会采取相应的改进措施,通过这种方式逐渐加强与日常游客的联系,也增加了游客的情感投入。博物馆慢慢发展成为一种参与式博物馆的概念。数字工具已经形成了有用户参与的新形式,以至于博物馆的内容其实是与每个参观者共同创造的。通过传递外部专业知识,公众在一定程度上被赋予了权力,成为博物馆的主要参与者。此外,博物馆对社交媒体应用程序的频繁使用也有助于产生新的传播故事、传递体验。正如一些学者所指出的,社交媒体通过 3D博物馆的呈现或视频、电子产品等人工制品,为参观者提供了超越线下博物馆的新的互动机会。数据库和数字博物馆通过这种方式,能够与公众建立直接的交流,并将体验带到超越地点和时间的层面。

2. 现场运用

博物馆会在现场使用技术工具,从信息说明和传达的层面上改进展览的装置。这种类型的技术能够通过实现个性化的博物馆参观和创造更多的互动来缩小博物馆和游客之间的差距。很多博物馆已经开始推广"自带设备"(BYOD)政策,邀请游客在博物馆内使用手机或平板电脑,以受益于一系列服务,比如扫展品旁边的二维码(QRcode),参与动态互动,用户可以直接登录博物馆的官方网站,以获取进一步的作品相关信息。这一类激发现场沉浸式互动的信息通信技术,将场地转变为具有教育和娱乐功能的场所。这类工具可以引导游客走向两个不同层次的体验。一方面,该技术通过在参观博物馆之前、期间和之后为用户补充了相关内容,丰富了游客的体验,另一方面,这些类型的工具将代表艺术作品本身以一种更具革命性和创新性的方式虚拟地展示出来。这些可以激发现场感受力的新技术对博物馆历史和内容的呈现,将使游客有机会真正地亲身体验博物馆的文化,从而提升了参观者学习的欲望和对相关知识的接受度。为此,博物馆使用无线和移动设备实现了语音导览和智能导览功能,使游客能够在语音工具的辅助下参观博物馆。这些解说设备在博物馆内部被用于文化交流,也早已被整合成为整个展览的一部分,明显增强了博物馆展示内容的可教育性和可交流性,同时促进了博物馆和观众之间的互动。

3. 管理和组织活动

数字化技术更是为博物馆在管理和组织活动上提供了很大的支持。对文化机构来说,至关重要的问题就是如何存储、保存和记录信息。博物馆会采用全新的技术设备来改进博物馆档案的在线检索和咨询功能,以确保搜索信息的效率、质量。一方面包括内部网和云服务;另一方面包括数字和激光技术,而这些技术对规范博物馆的管理是很有用的。前者为博物馆提供了有效开展内部活动的运营模式,内部网和云服务能够促进博物馆内部的有效沟通,还可以使用电子发票来简化行政活动。而数字和激光技术确保了对展品的保存和修复,并拥有了在数字版本中重建艺术品的机会。激光技术无疑为博物馆保存藏品提供了一大解决方案。与此同时,博物馆能够通过数字手段,以全新的方式去收集和存储与物品相关的信息,并有效管理和访问其藏品。

（二）新冠疫情推动博物馆的数字化转型

新冠疫情的流行是促使博物馆组织实行数字化转型的重要推动力。全球暴发的新冠疫情给整个博物馆行业带来了前所未有的压力。一方面,它导致了几乎 90% 的博物馆的关闭,而且其中的 10% 可能永远不会重新开放;另一方面,它导致了客户关系的迅速数字化,而这其实符合联合国教科文组织（UNESCO）在 2015 年提出的建议。该建议强调了信息和通信技术（ICT）的重要性,因为博物馆在文化领域里对教育和人类的发展都发挥着至关重要的作用。受疫情影响,博物馆组织必须加快数字化进程。在居家成为常态,人们还需要保持社交距离的限制下,博物馆必须要不断地更新公司网站,并更多地使用社交网络来维护与客户的关系。此外,疫情还推动了在线虚拟展览业务的发展,而该展览模式即使在疫情结束后也成为博物馆组织战略的一部分。

　　举例来说,乌拉圭的一家虚拟当代艺术博物馆 MUVA(Museo Virtual de Artes),专门展出乌拉圭艺术家的作品。该博物馆仅在网上提供多个展品。参观者需要使用鼠标在展品中移动,通过鼠标快速移动预览展品,点击可以放大图像并查看文档,就像身处于实体画廊。该网站还提供了实体画廊无法提供的功能支持。虽然这不能算是真正的博物馆体验,因为人们几乎无法控制自己与作品的距离,而且有一定的延迟性,有时导航也很笨拙,但它增强了对这迷人的艺术世界的可及性。而且几乎可以肯定的是,随着技术的进步,这种体验将在几年内变得更加引人注目。因为定期参观博物馆的人数在一些国家中的比例正在下降,所以这样的发展可能会极大地提升博物馆在公众视野中的曝光率,在潜移默化中传播着博物馆文化。

(三) 数字博物馆面临的机遇与挑战

　　意大利的国家法规并没有影响意大利博物馆对于数字化转型的选择。但是资本的不青睐和资金的缺乏在一定程度上阻碍了博物馆对于数字工具的采用。事实上,因为无法获得足够的资金,博物馆的整个数字化转型过程在实际操作上变得有些复杂。但是许多博物馆依然努力地在资金与发展之间寻找平衡,因为数字化还是为博物馆产业带来了不少经济利益。意大利博物馆的管理人员指出,博物馆在社交网络和官网的宣传以及在线票务的支持下,游客访问量有所增加,侧面证明了游客的访问扩大了博物馆的知名度。虚拟展览的创建也增加了参观者的数量。此外,数字解决方案的采用也有利于音频指南等附加收费项目的销售。数字化还使博物馆降低了一定的成本。虽然原材料采购、公用事业和运营相关的成本没有降低,但是与管理和市场分析相关的成本明显降低了。电子发票的使用,以及通过网络和社交媒体赞助进行的市场推广,降低了管理成本。

　　此外,数字化更是增加了博物馆背后的无形资产。数字技术的采用巩固了企业形象,提升了品牌价值,提高了博物馆组织的声誉。在关系资本方面,数字技术的采用提高了客户满意度和客户保留率,并改善了与当地机构、社区和赞助商等利益相关者的关系。所以由于数字化带来了增加收入、降低成本、改善企业形象和声誉以及与客户和其他利益相关者的外部关系方面的积极影响,博物馆组织管理者越来越多地倾向于使用数字化解决方案，而数字化转型也逐渐成为博物馆网络文化产业发展未来计划中的重要策略之一。

三、数字出版产业

数字出版产业正处于一个迅速发展的阶段，相应的收入也在持续上涨。数字出版行业的不断壮大让传统媒体行业包括报纸、期刊、图书都受到了威胁，而全新加入的增强/虚拟现实（AR/VR）和电子竞技市场更是展现了无限的发展前景。在 2016 年，电子竞技的全球收入整整翻了 4 倍，并在 2021 年又持续翻倍，从 2012—2021 年该行业的收入总量从 200 万美元增长到了 8.74 亿美元。电子竞技产业的飞速发展进一步证明了新兴文化产业用户规模的持续增大。

（一）网络游戏

网络游戏在数字出版行业发展带动下的成长速度飞快。2014 年，全球游戏产业总产值为 708 亿美元，其中数字游戏，包括 App 和网页社交休闲游戏、数字 PC 游戏、在线 PC 游戏、在线主机游戏、数字主机游戏，总产值为 461 亿美元，也就是整个国际游戏市场的 65.11％，并且其数字渗透率在各个发行市场中排名第一。根据《展望 2016—2020》报告，2017 年，全球电子游戏市场来自社交休闲游戏的收入第一次超越了传统游戏，预计未来的发展速度会更快。"社交休闲游戏的年复合增长率将达到 11.9％，预计到 2021 年该市场将达到 743 亿美元。"①

（二）数字音乐

在全世界数字唱片和数字音乐的产业规模已经几乎赶超了实体音乐行业。国际唱片行业（IFPI）发布的《2017 全球音乐报告》显示，2016 年是全球录制音乐的总收入增长最快的一年，达 157 亿美元，比前一年增长了 5.9％，而在这其中，数字音乐占总收入的 50％。

（三）数字报纸

数字报纸的发展相对来讲比较缓慢。"根据《展望 2016—2020》预测，全球

---

① 游翔.国际数字出版产业发展现状及趋势分析[J].科技与出版,2019,38(6)：65-69.

报纸总收入预计将以每年 1.5% 的复合速度下降，2012—2021 年，报纸广告收入总额将损失约 238 亿美元，其中印刷收入则是 3% 的年复合跌幅。而数字报纸将以 9.7% 的年增长率抵消报纸总收入的下滑比例。"① 亚太地区将是全球唯一一个印刷品发行行业呈正增长的地区，预计日均印刷品发行量将从 2016 年的 3.825 亿份/天上升至 2021 年的 4.147 亿份/天。

（四）数字图书

在数字出版产业中，有声书的增长速度是最快的，行业也非常重视有声书的发展。许多零售商都认为有声读物行业是非常值得投资的。在音频市场里美国占据的份额是最大的。2018 年全球有声书趋势和统计数据显示，2017 年国际有声书销售额超过了 25 亿美元，高于 2016 年的 21 亿美元。数字图书产业发展整体是优于印刷图书产业的。法兰克福书展商业俱乐部发布的《2017 图书行业白皮书》显示，从大众出版市场来看，出版业的少数超级畅销书吸引了读者的注意，电子书生产的低门槛也导致大众出版的电子书定价较低。根据《2017 年全球电子书报告》对该产业市场的分析，2013 年北美和英国的电子书占大型出版商销售额的 15%—25%，此后一直在稳步下降。在大多数西欧国家，自 2008 年的全球金融危机以来，图书市场的销售额一直处于下滑趋势，而电子书在大众出版中所占的比例不到 10%。只有在荷兰以及德国等对于电子阅读接受度高的国家，数字图书的销售额是相对稳定的。

（五）数字杂志

1. 数字杂志的发展现状

数字出版行业其实是从 2010 年才开始逐渐发展起来的，但自那以后，它从未停下发展的脚步。2018 年 Mequoda 杂志的消费者研究发现在他们调查的 3 358 人中，超过 40% 的人表示在过去 30 天内平均阅读了 2.66 期数字杂志。上网的成年人增加了 6%，而总体阅读数字杂志的成年人增加了 8%。该报告进一步指出，自 2015 年以来，美国的数字杂志的支出几乎翻了一番。2015 年，美国成年人在数字杂志订阅和单期杂志上花费了 12 亿美元。2018 年，这一数字几乎翻了一番，达到 23 亿美元，更是有 25% 的成年人表示订阅了数字杂志。此

---

① 游翔.国际数字出版产业发展现状及趋势分析[J].科技与出版,2019,38(6)：65－69.

外,Statista 预计,仅在美国,电子杂志的读者数量就将从 2015 年的 1 800 万增长到 2021 年的 4 000 万,也就是翻一倍还多。随着越来越多的读者选择数字媒体而非印刷媒体,数字出版的收入增长有望进一步增长。普华永道在其 2016—2020 年全球娱乐和媒体展望报告中的研究也支持了对网络文化产业积极增长趋势的判断,他们预计到 2020 年,数字杂志的收入将占消费者杂志总收入的比例将从 2015 年的 16％增长到 30％。研究还发现,对数字杂志日益增长的兴趣最主要的来源并不是新读者,而是来自以前阅读印刷杂志的读者,这表明原有受众的偏好发生了变化,吸引到的人并不是从前就不阅读杂志的人。

2. 平板手机的流行推动了数字读者的增长

电子杂志的增长可以归因于全球范围内大屏智能手机(5—6.9 英寸)的持续流行,也就是所谓的平板手机。在 2017 年圣诞节的前几周,平板手机的销量份额从 2015 年的 27％增长到 2018 年圣诞节的 53％,这包括全尺寸平板电脑、小型平板电脑、中型和小型手机。这意味着人们更喜欢平板手机带来的便携性和舒适浏览内容的体验。进一步的研究还预计,随着越来越多的消费者希望在更大的屏幕上浏览移动设备上的内容,平板手机将在未来几年占据智能手机整体增长的大部分份额,而这些屏幕仍然小到可以被装进口袋。IDC 在 2017 年第四季度发布的《IDC 全球季度手机跟踪报告》中预测,平板手机的出货量将远远超过 2017 年的 6.11 亿部,到 2021 年将达到 10 亿部,这意味着复合年增长率为18.1％。

除了大量适合数字杂志阅读的设备之外,数字杂志提供的更丰富的体验是导致其受欢迎程度增长的另一个重要因素。印刷杂志只能通过文字和图像内容的价值来吸引读者,而数字杂志提供了一种扩展的体验,因为数字出版商可以提供包括视频、动画、连接,甚至可以提供将出版与多媒体以及电子商务结合起来的产品和服务。这样具有无限的可能性的产品是纸质杂志不可能做到的。比如,读者在看到某款手表的广告后,只需要点击几下鼠标,就可以在 24 小时内购买并送货上门。人们可以在阅读一篇关于一位年轻企业家的专题文章时,看到一段 50 秒的采访视频。商人在阅读一篇关于 2008 年金融危机后 10 年的文章时,可以点击一个连接,连接到 5 年前发表的另一篇关于同一主题的文章。数字杂志在如此短的时间内变得如此受欢迎,最主要的原因是更快的网速,如此就能让那些拥有平板电脑、笔记本电脑、平板手机或手机的人可以随时随地地访问包括数字杂志在内的在线内容。就像越来越多热爱读书的人会选择电子书一样,数字杂志的简单方便,让人觉得仿佛是把整个图书馆装进了口袋一样,所以也变得越来越受欢迎。数字出版技术,允许视频、连接、动图、动画和电子商务嵌入在数字杂志里,给杂志读者带来了欣赏和享受内容的全新方式,也让电子杂志慢慢成为更多读者的选择。

第四节　网络文化产业研究相关的理论框架

可以把网络文化产业研究相关的理论分为网络文化产业内部结构、网络文化产业消费、网络文化产业贸易与国际竞争三个层面。

一、网络文化产业内部结构层面

1985 年,哈佛大学商学院的迈克尔·波特(Porter Michael)教授在其《竞争优势》一书中首次提出"价值链"的概念,用于描述增加一个企业的产品或服务的实用性或价值的一系列作业活动,主要包括企业内部价值链、行业价值链和竞争对手价值链三方面的内容。[①]

(一) 价值链理论的提出与演化

对于一个企业来说,生产经营管理过程的每一环节都是既互相独立又彼此相连的,这些不同的环节都能给企业创造一定的价值。企业最终获得的利润就来自企业内部不同链条上的特定价值活动,这就是通常所说的企业内部价值链;[②]而对于一个行业来说,上、下游企业价值链之间的联结就表现为行业价值链;对于处于同一行业的不同企业来说,则表现为竞争对手价值链。迈克尔·波特认为,企业通过与价值相关的基本活动与辅助活动相互作用,形成了价值创造的较为稳定的流程,这一流程被称为基本价值链。

随着移动通信技术和数字媒介技术的发展,网络文化应运而生,网络文化产

[①]　穆秋雨.浅析价值链视角下零售企业营运资金管理——以孩子王公司为例[J].全国流通经济,2023,2344(04): 60 - 63.

[②]　李学军,谷鹏.基于价值链理论的文化产业发展路径研究[J].商业经济研究,2015(32): 124 - 126.

业日渐蓬勃，价值链理论也在时代的进步中不断完善。

在"价值链"这一概念被提出的 10 年后，哈佛大学商学院的杰弗里•雷鲍特教授(Jeffrey F Rayport)和约翰•斯维奥克拉教授(John Sviokla)在 1995 年又提出了"虚拟价值链"的概念。两位学者认为在原有的实体价值链之外，越来越多的企业正在形成由信息和技术构成的"虚拟价值链"。

（二）网络文化产业研究中的价值链理论

网络文化产业新业态、新模式层出不穷，网络文化产业的业态内容也在不断地丰富和完善。无论是传统网络文化产业所涵盖的网络游戏、网络音乐、网络文学，还是网络视频、网络直播、网络文旅等网络文化产品，其生产与消费的过程大都可以分为 4 个主要部分，即创意生成、文化产品开发制作、流通与传播、网络文化产品的消费。

汪长玉和李秋迪认为，基本活动是整个价值链的核心，是价值创造的直接活动。虽然网络文化产业有各种业态，产品（服务）具有各种存在形式，但是这些产品（服务）具有共同的特点：开始于某一创意，产品（服务）的核心是其内容，大部分产品（服务）都以虚拟的形式存在于网络中。[①]（图 2-1）

图 2-1 网络文化产业价值链

基于网络文化产业的基本活动是整个价值链核心的认定，汪长玉和李秋迪将网络文化产业价值链的基本活动归结为：创意构思、创意策划、产品（服

---

① 汪长玉,李秋迪.多视角下网络文化产业链模式研究[J].技术经济,2014,33(01)：97-103.

务)开发及生产、市场和销售、消费和售后。另外,辅助活动虽然不能直接创造价值,但辅助活动能够间接地创造价值,在价值链中具有不可或缺的作用,如果缺少辅助活动,价值创造活动是无法实现的。网络文化产业价值链的辅助活动包括技术支持(特别是网络技术支持)、人力支持(特别是知识型人力资源支持)、资金支持、法律和政策支持(特别是与知识产权相关的法律政策的支持)以及其他社会资源支持。除了基本活动和辅助活动以外,汪长玉和李秋迪认为网络文化产业价值链还应包括扩展活动,包括对基本活动产生的创意进行扩展,进行衍生产品的策划、开发、生产、销售、消费及提供售后服务。辅助活动、基本活动与扩展活动之间有机互联,最终为消费者创造价值,实现整个产业利润提升。[①]

网络文化产品的创意生成为文化产品带来了特有的知识性、艺术性。可以说,网络文化产品的价值链起点就是创意生成阶段。这些创意往往来源于优秀的艺术创作者或提供思维和灵感的创意人。在网络文化产品层出不穷的今天,决定文化产品能否获得网民青睐的关键就在文化产品的创意性、独特性。因此,创意生成阶段既是整个文化产品的起点,同时也是决定走势,决定网络文化产品命运的奠基石。

网络文化产品的开发与制作通过现代工业等技术手段,实现标准化、批量化的目的,将无形的、抽象的原始创意变成具体的文化产品。这是大部分网络文化产业中将文化内容转化为可消费产品的关键环节。开发制作环节不仅生产与创意直接相关的文化产品,还会生产其他的衍生类产品。比如在数字音乐唱片的传播过程中,其售卖的不仅仅是音乐本身,同时也包括独特的数字唱片编号、数字唱片认证卡、附赠的屏保和铃声等内容。

网络文化产品的传播和流通与现实中传统的文化产品运作方式有异曲同工之妙:都需要运用特定的营销手段以求得到目标消费者的注意,但在网络文化产品与网络消费者进行接触的过程中,更加需要注意时机和渠道。消费是任何产品和内容的归宿,对于网络文化产品来说也不例外,作为价值链中的最终落脚点,网络文化产品消费的完成代表着价值链路的基本实现。这也在提醒着为创意提供灵感和思路的创意人员,在进行文化产品创作时就应该要时刻关注产品消费这一最终归宿。同时,在消费完成后,网民基于网络文化产品的

---

① 汪长玉,李秋迪.多视角下网络文化产业链模式研究[J].技术经济,2014,33(01):97-103.

质量对其所形成的评价或口碑同样需要被注意，因为在网络空间中，口碑的传播效应一样会被放大。因而，如果网络文化产品不能满足网络顾客的需求，那么价值链路的完成也就无从谈起，无论是体验，还是文化知识，整个价值链也无法再进行价值的传递。

二、网络文化产业消费层面

（一）技术接受模型

技术接受模型（Technology Acceptance Model，TAM）是弗雷德·戴维斯1989年运用理性行为理论研究用户对信息系统的接受时提出的一个理论模型，该模型提出的初衷是对计算机广泛接受的决定性因素做一个解释说明。[①]

弗雷德·戴维斯认为，个体行为是由行为主体的行为意向所指导的，行为态度决定行为意向，感知有用性与感知易用性是决定行为态度的两个重要因素。自提出以后，技术接受模型被广泛应用于不同的研究领域与研究方向，得到了广泛的实证检验。有学者发现，感知价值性、感知娱乐性、感知有用性、感知易用性、个人性格特质等因素对使用行为有明显影响，文卡特斯（Venkatesh）通过对比分析信息技术接受研究中具有代表性的八个竞争模型，论证了主观规范性对用户使用意愿的影响显著，且感知易用性对使用意愿的影响在经验匮乏的用户中表现得更为明显。[②]

（二）罗杰斯的创新扩散理论

创新扩散理论是罗杰斯提出的一个关于通过媒介劝服人们接受新观念、新事物、新产品的理论，侧重于研究大众传媒对社会和文化的影响。罗杰斯认为，创新是一种被个人或其他采用单位视为新颖的观念、实践或事物；创新扩散是一种基本社会过程，在这个过程中，主观感受到的是关于某个新事物的信息被传播，而这个过程是由创新、沟通渠道、社会系统和时间四个部分构成的，同时至少还包含五个环节：知晓、劝服、决定、实施和确定。新事物的发明和扩散被人们

---

① 徐恩芹，张景生，任立春.基于技术接受模型的精品课程推广应用研究[J].中国电化教育，2011（03）：68-71.

② 张陆园，欧阳馥绚.大学生网络广播剧付费收听行为影响因素研究基于技术接受模型[J].青年记者，2022（16）：56-59.

接受或拒绝，都将产生某种结果，造成将来社会的变化和发展。

创新扩散理论认为，创新的特点在一定程度上影响着人们对于创新的采纳速度，并能够很好地解释创新扩散的速度。其特点主要包括以下 4 个方面：

1. 相对优势

相对优势是指人们感觉到采用创新带来优势的程度，相对优势主要受到经济收益、社会信誉、便利性、满意度的影响。影响人们采纳创新的因素并不是其本身实际所具有的巨大优势，而是人们对优势的感知程度。当人们认为该项创新相比替代的产品更具优势时，创新被采纳的速度也就越快。

2. 复杂性

复杂性是指人们感知理解和使用创新相对困难的程度。有些创新很容易被社会系统的大多数成员所理解，而有的创新则比较复杂，被社会成员接受的速度就相对缓慢。当创新的复杂性越弱，越容易被人们理解时，被采纳的速度也就越快。

3. 可试用性

可试用性是指使用前在有限范围内实验创新的程度。被实验过的新观念可以减少人们对于创新使用的不确定性，相较那些未被试用的观念能更快地为人们所采纳。

4. 兼容性

兼容性是指人们对使用创新与现存的价值、过去的经验、潜在采纳者的需求感知一致性的程度。当一项创新无法与当前社会系统的价值观和规范保持一致时，这种创新自然就无法快速地为人们所接受和采纳。

通过研究总结创新在社会系统中扩散的基本规律，罗杰斯等人认为，新观念、新技术等创新扩散的传播过程呈现出一个"S"形的曲线（见图 2 - 2）。在扩散的早期，采用者很少，扩散的速度也很慢；当采用的人数扩大时，扩散的进展会突然加速，进入所谓的"起飞期"；当接近于饱和点时，扩散的进展又会减慢。在创新扩散的过程中，"早期采纳者"为后来的起飞做了必要的准备。这个看似"势单力薄"的群体能够在人际传播中发挥非常大的作用，能够劝说他人接受创新。罗杰斯认为，"早期采纳者"就是那些愿意率先接受和使用创新事物并甘愿为之冒风险的那部分人。这些人对于创新初期的种种不足不仅有着较强的忍耐力，还能够对自身所处的群体中的意见领袖们展开"游说"，使其接受并采用创新产品。之后，创新借由这些意见领袖的影响迅速向外扩散。[①]

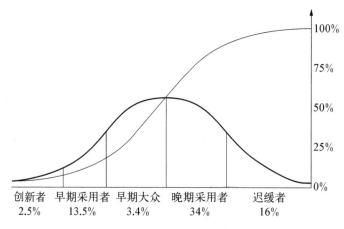

图 2-2 罗杰斯创新扩散理论

对于网络文化产业而言，技术接受模型在很大程度上影响着网民接受新兴的文化产品与否。比如数字唱片在我国刚诞生之际，由于我国网民对于版权和内容付费的意识薄弱，或是依赖于原有的音乐唱片消费方式，对于网络中数字唱片的消费习惯尚未养成，早期数字音乐唱片产业在我国的发展较为缓慢。相较于传统的音乐收听方式，数字唱片的使用和收听更加便捷、高效，其易用性不言而喻，而作为音乐消费者而言，自身的感知有用性却有着较大的差异，虽然普通听众认为数字唱片收听起来更方便，无须播放设备，但除了能听到旋律之外，相较于传统的音像制品，数字音乐唱片在付费后没有实体，消费者仅有"两手空空"的消费体验，更没有音乐爱好者喜欢的可触摸的实体唱片的装帧、设计或附赠的独特内容及其背后的收藏价值。

随着打击音乐盗版的力度加大，网络中已再难见到公开的免费无偿音乐收听渠道，以及随着社会公民版权意识的树立和粉丝文化的兴起，数字音乐唱片不再是新奇的事物，使用数字音乐唱片甚至已经成为年轻一代网民如今的音乐消费习惯。

在 2019 中国数字音乐产业发展峰会上，中国音像与数字出版协会副理事长、音乐产业促进工作委员会主任委员汪京京表示，2018 年，中国数字音乐产业总产值达到 609.5 亿元，并且增长潜力依然巨大。

基于互联网用户规模的日益庞大以及国家在政策面上给予数字文化产业的

[①] 田甜.创新扩散理论下的微信扩散和使用影响因子分析[D].合肥：安徽大学,2014.

扶持,我国的数字音乐产业已经不仅成为音乐产业发展的重要部分,甚至在整个网络文化产业中占据了极为重要的部分。[①]

三、网络文化产业贸易与国际竞争层面

美国哈佛大学商学院迈克尔·波特教授在归纳分析了 10 个国家数十个产业发展的历史之后,提出了著名的"钻石模型理论"(见图 2-3)。迈克尔·波特教授认为,一个国家的竞争优势,就是企业、行业的竞争优势,也是生产力水平上的优势。

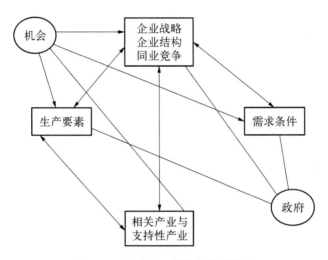

图 2-3　迈克尔·波特的钻石模型

波特教授针对产业竞争力提出的"钻石模型"主要说明了生产要素、需求条件、相关和支持性产业、企业战略、结构和同业竞争、机遇、政府作用这六个要素所带来的影响。前 4 项被认为是关键要素,后两项为辅助要素。

(一)要素条件

要素条件,即一国的生产要素状况,包括自然资源、人力资源、基础设施、资本资源和知识资源。这些要素可以被进一步划分为基本要素和高级要素两类。前者包括自然资源和非熟练劳动力等,后者包括高科技、通信基础设施、复杂和熟练劳动力等。

---

① 卢旸.看到音乐的未来[N].音乐周报,2019-7-17.

（二）国内需求条件

国内需求条件指某个产业或行业产品或服务的国内需求性质。波特教授十分强调国内需求对于一个国家竞争优势形成的巨大作用。如果某种产品的国内需求较大，就会促进国内竞争，产生规模经济。而且，如果国内消费者是成熟且挑剔的话，则更有助于企业提高产品质量和服务水平，并获得国际竞争中的优势。

（三）关联和辅助行业

国内是否存在具有国际竞争力的供应商、完善的相关产业和支持产业，这关系着主导产业能否降低成本、提高产品质量、交流产品信息，从而形成自己的竞争优势。

（四）企业的战略、结构与竞争程度

企业的战略、结构与竞争程度指一个国家支配企业创建、组织和管理的条件以及竞争的本质。激烈的国内竞争会迫使企业不断更新产品，提高生产效率，以取得一种持久的、独特的优势地位。

波特教授认为，上述 4 个方面的因素相互影响、相互促进，共同构成一个动态的激励创新的竞争环境，由此产生具有一流国际竞争力的明星产业。除此之外，波特教授也强调，机遇和政府对于以上 4 个因素的影响也至关重要。机遇在这里指的是那些超出企业控制范围且会打破现有竞争环境结构的随机事件，如科学技术的重大突破、创新，汇率变动等；政府的作用则主要表现为通过制定有关的制度和政策来影响该产业国际竞争力的 4 个基本因素。[①]

对于网络文化产业而言，迈克尔·波特的钻石模型理论仍有着很强的指导意义。善用钻石模型可以从国际竞争力的角度分析外国网络文化产业的关键所在，从而为我国的网络文化产业发展提供借鉴。但需要注意的是，网络文化产业的生产流通环节并非与钻石模型框架一一对应，需有所甄别。比如，在要素条件中，应将重心放置于高级要素中，即科技与技术基础、通信基础设施和高级知识或高级技能人才。基础设施条件一般要重点考虑互联网的技术条件，人力资源要素需要着重考虑文化艺术生产领域及网络技术搭建中使创意得以实现的高技

---

① 黎婧.影响中国数字音乐产业竞争力的主要因素研究[D].广东外语外贸大学,2018.

能型人才。相关支持产业,如是否有媒介平台的基础、移动端建立与否都对网络文化产业的评估有较大的影响。另外,从上文中探讨的国外网络文化产业发展经验中可以发现,无论是欧美英还是日韩,其本国政府都在本国网络文化产业发展的过程中起到了举足轻重的作用,或是监督管理,或是政策扶持,又或是资金人才的投入,政府的政策对于网络文化产业而言十分重要,因而在用钻石模型分析评估网络文化产业时,作为辅助要素的政府应该被给予更多的重视。

第三章

网络文化产业发展策略和实践路径

随着中国发展整体统筹协调要求的提高,中国的网络文化产业在经历了一段时间的野蛮生长之后,需要在总结国内外经验的基础上,强化整体性和结构性,明确发展策略和实践路径。为此,对策研究工具自然必不可少,本章将运用 SWOT 分析工具,对网络文化产业发展的内外部竞争环境和竞争条件的态势进行分析,进而厘清在优势和劣势层面"能够做的"以及在机遇和挑战层面"可能做的"。如何发挥资源禀赋的优势,抓住难得的历史机遇,摆脱劣势的制约和内外部环境的威胁和挑战,需要从政府、行业、企业三个主体维度对促进我国网络文化产业发展提出策略建议,并且基于策略分析,在文化科技融合、数字文化产业发展等方面给出清晰的发展路径。在制定网络文化产业的发展策略和实施路径的过程中,要始终明确中国文化产业在数字智能技术的加持下,发展的核心并不仅仅是产业上的创新和升级,更是要满足人民群众对美好生活的向往和丰盈精神世界的需求。因此,既要考虑文化资本和文化市场方面的权益和规制问题,也要考虑文化主体和文化安全方面的共享和底线问题,这些策略原则是我国网络文化产业高质量发展的重要保障。

第一节 我国网络文化产业发展整体分析

一、我国网络文化产业发展的优势

(一) 国家政策支持

根据《"十四五"文化产业发展规划》,到 2025 年,文化产业体系和市场体系更加全面,文化产业结构和建设不断优化,文化产品质量明显提高,文化消费更加活跃,文化产业规模持续增长,文化产业及相关产业增加值占 GDP 比重加大,文化产业整体发展更趋完善。[①] 文化产业发展的整体效益将显著提高,充分体现出对国民经济增长的支撑和拉动作用。文化和旅游部发布的《关于推动数字文化产业创新发展的指导意见》强调了创新在数字文化产业发展中的核心地位,推动内容、技术、方法、商业模式和场景的全面创新,并指出应重视市场主体的创新力;同时从推进优秀文化资源数字化、培育云端演艺产业、提升云端会展产业、发展沉浸式产业、强化数字文化设备性能等方面确定了培育新兴产业的重点措施和优先领域,引导产业在新领域探索创新,提供创新潜力,提出发展新型数字文化产业。支持行业在新领域进行探索和创新,充分挖掘创新潜力,创造更多新的增长点和增长极。在中国经济进入高质量发展阶段,推动文化产业进一步繁荣发展,促进文化产品和服务的有效供给得到政府的全面支持,不仅能够满足人民群众对精神文化生活的需要,而且对坚定文化自信、推动社会主义文化强国建设具有重要作用。

(二) 资金吸引力强

得益于数字技术的加持,网络文化产业相较于传统文化产业,更加受到资本市场青睐。已有调查显示,文化产业数字经济趋势不变,投融资市场创新赛道逆势增长,孕育着未来发展的新动能。从 2022 年文化产业投融资热词统计情况看,元宇宙、区块链等赛道的投融资活动呈现逆市上升态势。其中元宇宙赛道上,投融资项目主要集中在元宇宙娱乐平台、虚拟人与社交社区三个领域。但目前新赛道的融资体量与已经成熟的移动互联网赛道相比仍有差距,发展潜力仍然较大。资本将在细分赛道继续寻找新的增长领域,孕育新的动能。

(三) 文化资源丰富

文化产业的发展必须以文化资源为基础。文化产业的发展过程实质上是文化资源向文化产品和服务转化的过程。中国是一个有着五千年历史的多民族国家,幅员辽阔,孕育了各种各样的文化资源。例如,中国网络文学作为中国现代

---

① 向玉珍,殷文贵,李平贵.习近平新时代中国特色社会主义文化思想的生成、内容和价值[J].山西高等学校社会科学学报,2018,30(10):1-5+12.

文学的有生力量,创造性地改造了中国传统文化。截至 2020 年,海外中国网络文学市场将达到 11.3 亿元,增长率为 145%,用户增长率为 160.4%。2020 年4 月,中国社会科学院发布的《2021 中国网络文学发展研究报告》显示,中国网络文学在海外发行的作品将超过 1 万部,网站注册用户和阅读 App 用户超过1 亿;[①]到 2021 年,中国网络文学在海外实现了错位发展,除内容输出外,还成为产业输出的典范:超过 20 万名外国作家开始在海外华语网络文学网站上发表母语小说,近 40 万部海外原创小说发布,估计中国网文出海的潜在市场可以超过 300 亿元人民币。

二、我国网络文化产业发展的劣势

(一) 优质产品欠缺

优质的内容生产一直是网络文化产业发展的基础。目前,中国文化产业的发展面临着结构性的供需失衡,表现为文化产品和服务"有数量无质量,有高原无高峰"。在数字内容方面,中国高质量的文化内容特别是原创、首发、独家、独立制作的创意文化产品和服务落后于发达国家,数字文化内容的供给存在"结构性缺失"。根据伽马数据发布的《2020 年中国游戏创新与发展趋势报告》,虽然游戏业内人士普遍认为国产游戏的创新能力有所提高,但创意不足仍然是阻碍中国游戏产业发展的主要问题。近年来,游戏行业出现了许多来自境外的创新游戏,如 MOBA、生存游戏、非对称游戏等,中国的游戏公司往往在新游戏的基础上开发衍生产品,或通过直接资本收购知识产权许可推出相应产品。中国游戏市场巨大的内需和企业成熟的商业化模式,使一些产品在知识产权的影响下进入全球市场,但这并没有从根本上解决中国游戏产业创造力不足的问题。

(二) 产业链发展不成熟

就中国文化产业整体情况而言,我国文化产业布局和结构链条尚未成熟。在供应链方面,产销脱节、产品集中度低;在知识链方面,知识共享存在阻力且技术水平和融合程度不足;在价值链层面,盈利模式较为单一、产业附加值低仍是当下的主要困境。这些问题导致整个文化产业链上下游关系模糊,联系松散,各

① 张鹏禹."Z 世代"引领网络文学风尚[N].人民日报海外版,2022－04－13(007).

环节之间衔接不紧密,互动效应差。此外,文化产业链还存在缺链、短链和断链现象,总体表现为链条短小、结构单一、辐射面窄等问题。①

就网络文化产业而言,虽然近年来,中国的网络文化产业发展迅速,产业链得到了一定的发展和完善,但网络文化产业的概念尚未准确界定,网络文化产业链的结构比较单一,很多产品处于全球网络文化产业链的中下游;创新和创意不强,部分产品存在易模仿、低俗的问题;产业集中度不高,具有国际竞争力的企业少;产业链合作水平低,专业人才缺乏。文化产业的整体布局限制了文化创新和提升的想象和发展空间,造成资源浪费、市场活力不足、创新融合欠缺等阻力,是中国文化产业进一步发展的关键突破口。

(三)行业乱象众多

网络文化产业在虚拟空间中迅速发展,但传统的监管措施和规则已不适用于文化产业,长期以来造成了行业乱象。例如,知网通过独家合作协议等方式限制学术期刊、高校、出版社,不得向第三方授权使用学术期刊、学位论文等学术文献数据,出台各种激励和惩罚措施,以确保实施独家合作和维持行业地位,这种行为以不公平高价、限定交易行为从而获得市场竞争优势的恶性竞争行为,不仅侵害了用户合法权益,而且阻碍了学术和文化产业创新发展和学术交流传播,构成违法行为;②再如,各类网络平台上,"网络水军"已经成为一条黑灰产业链,分工明确,在私人利益的引导下,通过发布非法有害信息,进行"造热点""蹭热点",操纵和扰乱网络舆论;提供有偿删帖和刷量控评炒作等非法服务,破坏网络空间管理秩序;更有甚者利用负面信息炒作,敲诈勒索,侵犯公众合法权益。

三、我国网络文化产业发展的机遇

(一)技术创新激发活力

新一代数字技术拓展了传统文化产业的边界,释放出巨大的发展潜力。《中国文化产业年度发展报告 2020》指出,新一代信息技术如云计算、虚拟技术、物联网、软件定义、人工智能、区块链等与文化创意产业融合,建构起数字文化创意

---

① 黄贲. 中国文化产业链升级研究[D].长沙:湖南大学,2012.
② 国家市场监管总局. 市场监管总局依法对知网滥用市场支配地位行为作出行政处罚并责令其全面整改.https://www.samr.gov.cn/xw/zj/art/2023/art_0f87ad794f7949e4803dd6c9ce4d2d2a.html.

产业的技术架构,对于推动我国文化产业内容、渠道和用户的数字化具有积极作用。[①] 数字化制作工具、虚拟现实技术、特效制作等,为内容创作者提供了更多创作手段和表现形式,使得内容创作者能够以更低的成本和更高的效率创作和生产丰富多样的文化内容。通过搜索引擎优化、社交媒体推广、精准广告投放等技术手段,文化企业能够更好地将内容传递给目标受众,推动内容推广与传播;除此之外,通过对用户行为和数据的分析,文化企业能够精准地把握市场趋势和用户偏好,提高运营效果和商业价值。数字技术在中国网络文化产业发展中扮演着推动创新、提升效率、改善用户体验的重要角色。它为文化产业带来了更广阔的发展空间和商业机会,同时也为用户提供了更丰富多样的文化产品和服务。数字技术和网络技术在全球范围内融合,形成了以数据为最重要资产的、高智能网络为基础、促进经济、社会和文化全面发展的新型数字文化创意产业。

(二) 社会公共需求强劲

网络文化产业具有社会公共性,可以促进社会公共事业的发展,利用文化发展成果造福人民,发展网络文化产业是促进和创新公共文化服务质量的必然选择,是在更大范围内让文化发展成果为人民广泛共享的有效途径。习近平总书记强调,乡村振兴是包括人才在内的全方面的振兴。[②] 振兴乡村网络文化是高质量建设乡村文化的应有之义,有利于进一步改善广大农村精神风貌,丰富农民精神文化生活,弥合城乡在文化资源领域的"数字鸿沟"。中央网信办等部门联合印发《数字乡村发展行动计划(2022—2025 年)》,再次将"乡村网络文化振兴行动"数字乡村建设作为重要行动方向之一,为"十四五"期间繁荣发展乡村网络文化指明了方向[③]。近年来,中国在文化基础设施建设方面取得了令人瞩目的成就,但还需进一步发展。例如,许多农村地区缺乏统一的公共文化网络基础设施,如乡村电子图书馆、乡村在线旅游展厅、乡村在线文化展厅和数字博物馆。乡村振兴的深入发展不断对网络文化产业提出新的要求。

① 史世奎.云南文化产业效率提升路径研究[D].昆明:云南大学,2020.
② 王兆萍,卢旺达.嵌入性视角下农村劳动力就地转移的影响因素研究[J].西北人口,2021,42(04):57-70.
③ 张吉先.构建未来乡村文化教育场景 助推农村人口融入数字社会.光明网. https://theory.gmw.cn/2022-04/24/content_35682816.htm.

（三）新冠疫情释放线上需求

三年新冠疫情，对人们原有的正常生活造成不同程度的影响，也改变了人们的文化消费习惯。例如，根据艾瑞咨询针对新冠疫情背景下在线文娱行业的报告，在线视频方面，包括哔哩哔哩、优酷、腾讯等长视频平台和抖音、快手等短视频平台的浏览量和付费订阅购买大幅增加，长时间宅家使从碎片化的视频消费转向沉浸式视频消费；[①]网络直播方面，头部主播直播间的观众活跃度有所上升且具有持续增长趋势，其中新进用户构成增长主要成分，且表现活跃，其行为对老观众具有一定的刺激性作用；疫情封控也影响了人们的在线阅读行为，在2020 年疫情期间超过半数用户保持每天阅读小说，超过 4/5 的用户表示在疫情结束后还会继续保持阅读习惯。虽然疫情已经过去，但这期间培育起的文化消费习惯为网络文化产业提供了广阔的市场空间，当然，这也对网络文化产品质量提出了更高要求。

四、我国网络文化产业发展的威胁

（一）法律制度不完善

网络文化产业的发展离不开法律制度的规范，但目前国内相关的法律制度并不完善。张晓玲将中国网络文化产业法律体系的不完善概括为：网络文化产业发展中出现的许多实际问题无法解决，或是立法不明确，制定不完善，缺乏可操作性。此外，目前大多数法律规范见之于行政法规、规章和指南等，这些规范比较分散，缺乏法律层次性，甚至存在相互矛盾的情况。各种管理关系没有制度化、规范化，与发达国家较为发达的网络管理机制存在很大差距。在管理方面，多成员治理安排不完善，功能不健全。在执行方面，一些刮风式、运动式的做法亟须改变。这些尚未解决的问题给网络文化产业的未来发展埋下了隐患。

（二）商业模式未成形

20 多年来，网络文化产业已日益成为文化发展的重点领域，演化出新业态、新模式，但受诸多因素影响，网络文化产业整体的商业模式尚未形成，即使头部企业内部也存在不同程度的经营风险。肖宇等人认为，由于互联网发展早期的

---

① 艾瑞咨询.后疫情时代中国线上泛娱乐市场展望[J].现代商业银行,2020(09)：42－47.

免费思维影响及数字产品本身的易获得性，中国网民对网络产品付费的态度和习惯尚未完全形成。目前，作为网络内容提供方的文化企业大多数盈利模式基本是通过前期投入资金完成客户拉新，后期依赖广告盈利，如优酷、爱奇艺等数字影音提供商。内容付费的艰难使得许多企业难以在提供优质产品和服务与获得持续盈利之间寻求生存与发展的平衡之道，对市场主体的参与热情有直接的负面影响，同时也进一步提高了市场进入门槛。网络文化产业的商业和盈利模式的探索瓶颈，仍然需要具有突破性的创新来破局。

（三）强有力的海外竞争

中国的文化软实力与日益增长的综合国力之间存在较大差距，在全球范围内，网络文化产业正面临着激烈的竞争。以数字内容产业为例，中国数字内容产业在数字音视频、网络游戏、数字出版、移动内容等领域整体上呈现向好向优的发展态势，增长迅速，国际化程度高，已成为全球数字内容产业大国。然而与欧洲、美国和日本相比，中国数字内容产业国际竞争力较弱，国际化程度有待进一步提高。与美国和英国相比，中国在全球数字内容产业中仍处于弱势地位，在G20国家中排名第七，总体处于第三梯队；韩国较早制定了"文化立国"战略并以"韩流"征服全球文化市场，近年来已经取得初步成效；法国在积极推动传统文化数字化的同时保护民族文化，并在国际上推广"世界文化艺术之都"也颇具影响；美国则专注于发展数字经济，在数字基础技术和全产业链发展方面站在全球制高点。这些国家重视顶层设计，结合技术研发、市场监管和知识产权保护探索出适合本国的文化创意产业发展路径，积累了大量的经验，并在全球化竞争中奠定了基础。这些前瞻性的发展战略使得这些国家在国际文化产业中占据了竞争优势，是中国文化创意产业走出去的强力竞争对手。

第二节　我国网络文化产业发展策略

综上可知，当前我国网络文化产业的优势尚未得到完全发挥，机遇多但难度要求较大。此外，长期存在的劣势形成了制约力量，同时面临着来自内外部环境的双重威胁。对此，本书从政府、行业、企业三个层面对促进我国网络文化产业发展提出策略建议。

一、政府层面

（一）优化顶层设计

文化顶层设计需要国家和政府就文化发展进行全方位、深层次和战略性设计，需要相关部门树立指导思想、坚持方针原则、明确发展目标、调整发展模式。[①] 网络文化产业是一个正经历急速发展的产业，模糊的顶层设计容易导致忽视全局和本质问题，将不利于产业长期发展，设计关系全局的工作方案和工作规划，必须要有全局和长远的战略眼光和高度，用创新的态度对待发展中出现的新问题、新挑战，才能抓住对于文化产业发展全局工作中具有根本性的本质问题。臧志彭等人在回顾我国网络文化产业制度创新的演化历程时发现，虽然数据分析显示中国网络文化产业制度创新从 2000 年以来一直处于高位，但是依旧存在着制度创新的层次性、权威性缺乏的问题；[②]除此之外，大量"暂行规定""暂行办法"等的存在，虽是出于网络文化产业本身较为年轻，仍处于持续的发展演变过程中的考虑，但同时也说明我国对网络文化产业依旧缺乏较为完善和科学的顶层规划。因此，加强网络文化产业的宏观思考和顶层设计已刻不容缓。

（二）完善法律制度

法律是社会关系的调节器，如果没有完善的法律制度作为支撑，则无法保证网络文化产业的良性持续发展。因此，尽快完善网络文化产业的法律体系，创造广阔的市场空间，打击各种违法行为，这对于产业发展而言尤为重要。与政治、经济和社会等领域相比，文化立法在中国特色社会主义法律体系中所占比重较小，存在诸多法律空白，在新闻出版、广播电视等关键领域只有少数行政法规和部门规章，公共文化服务、文化产业发展、新兴媒体管理方面的立法也比较欠缺。靳雨露对海外数字文化产业政策和法律的研究表明，海外数字文化产业通过数字平台责任制的改革和落地，加强行业治理，强调治理主体的多元化，出台版权例外和限制规则，完善版权保护规则等立法和政策手段，保证创作者的权益从而确保数字文化产业

---

　　① 万秀丽，陈学琴."一带一路"背景下中华文化走出去问题探析[J].中共云南省委党校学报，2018，19(03)：26－30.
　　② 臧志彭，解学芳.中国网络文化产业制度创新演化研究——基于 1994—2011 年的实证分析[J].科学学研究，2013，31(04)：630－640.

内容创新发展。同时，各国根据自身特点制定了不同的数字文化产业发展重心、行业管理制度、监管思路等。回归本土，我们应积极借鉴国外立法成功经验并立足本土经验完善网络文化产业的立法工作。2015 年的《文化产业促进法》起草工作会和 2019 年发布的《文化产业促进法（草案征求意见稿）》对新时代我国文化建设和文化产业发展产生了深远影响。不过，从我国网络文化产业发展现状来看，还需要进一步充分发挥立法工作对于促进文化产业发展的积极作用。

（三）释放市场活力

国务院原总理李克强曾强调，实现市场的公平竞争，加强和落实"放管服"改革，不断改善营商环境，可以更好地激发市场活力，使更多的市场主体得到发展。新冠疫情期间，许多新兴文化产业兴起，以互联网为平台，以数字内容为基础，实现了破茧成蝶般的崛起，这充分展现了中国在培育新活力、推动经济高质量发展方面的努力。在此基础上，宏观经济和微观经济措施应最大限度地发挥市场主体的活力，引导技术、数据、人才各种要素向先进生产力协同集聚，优化要素的市场配置，促进各类生产要素在文化市场的自主有序流动，使数字经济时代的文化产业生态发展形成良性循环。

近年来，随着信息网络技术的快速发展，特别是移动互联网的普及，仅靠传统的以主管部门为主的预审方式已经无法满足大量网络文化产品生产和流通的市场发展需要。在政府职能下放和转变的大趋势下，引入和完善企业自律机制，把监管和服务结合起来，从而提升企业自主验证和评价的能力，是管理网络文化产业的双赢之策。培养一批具有较强核心竞争力、引导互联网等领域的大型数字文化企业和龙头企业，形成数据库。在这个过程中，释放市场活力，加强机构间的良性合作，形成有效的管理层次，有效提升数字创新能力，整合文化和科技资源、人才和创新资源，形成各级文化产业数字创新机构，对于保障重要技术创新、推动文化产业高质量发展具有十分重要的意义。

（四）把握社会大众精神需求

评价文化产业的质量和发展水平，最重要的是看能否提供更多满足人们文化需求、提升人们精神力量的文化产品。进入新时代，中国社会的主要矛盾已经转变。[①]

---

① 林明惠. 大学生绿色消费观教育研究［D］.福州：福建师范大学,2018.

网络文化产业发展对标人民群众对于社会大众文化多层次、多样化、多形态、多场景和动态化的需求,在低中高各个层次都有所推进的同时引导大众精神需求向更高层次提升。随着我国社会完成全面建成小康社会任务,向第二个百年奋斗目标迈进的过程中,一方面,人们对美好精神文化生活和高质量文化内容的需求和需要迅速增长,特别是数字文化消费需求爆发;另一方面,文化生产力发展不平衡不充分的问题日益凸显,文化内容和产品无法满足消费者的需求,导致文化数字生产力发展不充分的矛盾更加突出。中国文化产业与数字技术的发展与融合,正在为产业的高质量发展注入新的动力,新型业态百花齐放。网络文化产业需要持续优化供给,发展成为满足人民精神需求、文化向往和生活需要的有效途径和文化产业转型升级的重要推动力。在文化产业发展的新形势下,我们要坚持从人民群众的日常生活和经验中获得灵感,从小处着手,引起广大群众的关注和共鸣,以人类对于真诚、公平、奉献的价值追求作为引领为网络文化产业注入正能量,从而丰富人们的思想文化生活。

(五) 联动文化事业

文化事业与文化产业并重,在发展文化事业的同时促进文化产业的发展,可以成为我国推动文化产业成为国民经济支柱产业的重要突破口。[①] 网络文化企业应以提供知识产品、宣传思想信息、保护文化遗产为己任,实现社会效益和经济效益的统一。《互联网新闻信息服务管理规定》《互联网视听节目服务管理规定》《互联网文化管理暂行规定》《网络出版服务管理规定》等涉及互联网新闻、视听、文化、出版服务相关的法律规范中都规定了"坚持正确(舆论)导向""把社会效益放在首位""坚持为人民服务、为社会主义服务的方向""弘扬社会主义核心价值观"等重大原则。[②]

党中央在部署"十四五"时期经济社会发展任务中强调"繁荣发展文化事业和文化产业,提高国家文化软实力",文化事业和文化产业是党中央推进文化建设的"双轮驱动",是建设社会主义文化强国的重大任务。[③] 文化事业由政府、非营利组织、文化机构等主导和推动,以公益为导向,注重社会效益和公共服务,能够为文化产业提供文化资源、文化资本、文化技术、文化人才,从而在增加文化消

---

①　范志杰. 发展文化事业促进文化产业政策研究[D].北京:财政部财政科学研究所,2013.
②　白珺予. 网络直播行政法律监管研究[D].大连:东北财经大学,2021.
③　范周.推进文化事业和文化产业全面发展[J].红旗文稿,2022(09):40-42.

费需求、营造产业发展环境、促进产业发展等方面发挥着重要作用。文化产业和文化事业是相互依存、相互促进的，文化事业的保护、传承和推广为文化产业提供了文化土壤和社会认可，促进了文化产业的繁荣和可持续发展。文化产业和文化事业二者相互交织，共同构建了一个文化生态系统，推动了文化的繁荣和社会进步。

二、行业层面

（一）以技术为依托

数字技术是网络文化产业发展的技术诱因和支撑因素，关键数字技术是网络文化产业的主要驱动力。数字核心技术的薄弱，必然限制文化产业数字化的技术跃升和赋能程度，削弱技术支撑的能效，导致文化产业生态的数字化动能不足。文化技术的整合和新兴文化产业的发展对于促进文化产业的发展发挥了重要作用。张亚丽认为，我国文化科技融合发展还存在明显的短板和问题，特别是在以下两个方面：一是文化产业发展的技术支撑不足，尚未建立起支持和引导文化产业发展的科技支撑体系；二是文化与技术融合的体制机制有待完善，要利用科技进步的有利时机，促进文化与科技的融合，提高先进科学技术对于文化产业发展的驱动作用和创新来源，使之成为促进文化产业发展的重要手段。

习近平总书记指出，文化与科技的结合催生了新的文化业态，拓展了文化产业链，聚集了众多创新人才，这个产业正在崛起，前景广阔。坚持技术创新驱动，顺应技术发展趋势和逻辑，加快发展创新型文化企业、文化业态、文化消费模式，将技术发展和创新体现在文化产业发展的全链条中。我们要坚持将技术与文化的融合创新发展作为文化产业发展的强力引擎，顺应数字技术的变革和发展方向，推动文化与科技在生产、传播和消费全过程的融合，使文化产业更加适应先进技术的生产、网络传播和体验消费。通过数字便利性激活文化资源，降低交易成本，优化消费环境，扩大文化消费的规模。

（二）整合产业链条

进入新时代，人们对高品质网络文化产品的需求更加迫切，需要完善网络文化产业链，丰富网络文化的内容和形式，推动网络文化产业高质量发展。网络文化产业是由不同业态组成的，这些业态之间不是相互独立而是相互关联的，一同支撑着整个产业的发展,这些链条有机地结合在一起,形成了完整的产业链。例如,网络电影产业、网络游戏产业、网络电视产业、网络动漫产业、网络广告产业和网络视频产业之间是一种互利共生的关系,即它们互相生产自己需要的产品(创意、知识等),又互相消费对方生产的产品(知识、创意等)。我国网络文化产业规模快速增长,产业链不断发展和完善。但是,网络文化产业的整体思路尚未形成,网络文化产业链结构相对简单,大多位于全球网络文化产业链的中低端,创新创造能力不强,部分产品存在简单模仿、低俗化问题,产业集中度不高,缺乏有国际竞争力的企业,产业链合作程度较低,缺乏专业人才等。完善网络文化产业链是一项系统工程,需要从以下三个方面着手实施:一是强化网络文化产业思维。克服传统思维的局限,依托互联网思维,强调用户体验,从产业形态、商业模式、组织体系等方面系统规划网络文化产业的发展;二是坚持创新驱动。以数字化、网络化、智能化为发展方向,加快互联网技术、云计算、大数据在文化产业中的深度应用,转变和完善内容生产、发行和传播方式,实现媒介资源和生产要素的有效整合,[①]重塑网络文化产业技术体系、生产方式、产业形态和价值链,实现传统文化产业链和网络文化产业链的整合与创新;三是扩大产业规模。推动网络文化产业企业并购,培育龙头企业,积极发展中小企业,发挥重点企业与相关上下游企业的协同作用,不断优化产业链结构,壮大产业链规模。

(三) 拓宽合作思路

发展网络文化产业要发扬开放包容、合作共赢、共同发展的精神,拓展合作思路,毫不犹豫地发展开放型经济。

一方面,加强跨地区合作。我国跨行业、跨地区的文化发展往往受制于区域分割和地方保护主义,阻碍了区域间优势互补,不仅不利于形成紧密联系的市场,还容易造成资源的浪费。深圳文博会被誉为"中国文化产业第一展",在全国建立了 32 个应用中心,深圳文化创意产业行业协会目前汇集了 3 家世界 500 强企业、5 家中国 500 强企业、7 家广东 500 强企业和 69 家上市公司,并成为会员,涉及影视、动漫、非物质文化遗产、旅游、创意设计、出版发行、新媒体、游戏、时尚、音乐、短视频等领域,内地城市与深圳合作发展文化创意产业的新业态正在形成。

---

① 杨晓培. 网络文化视阈下的我国主流意识形态建设研究[D].河南理工大学,2019.

另一方面,加强跨国别交流。对于网络文化产业来说,开放、包容、平等的国际文化交流平台是中国文化走向国际舞台的可靠途径,也是学习和吸收国外经验、领略他国文化魅力的重要途径。经贸往来和人文交流日益频繁,文化产业在中国和东盟国家的产业规划中占有越来越大的比重,双方在文化创作、表演艺术、动漫、影视、出版等方面的合作不断深化,交流平台日趋完善。近年来,中国与东盟国家不断深化在影视领域的合作,文化交流不断加强,许多中国影视作品在东盟国家走红,多部东盟影视作品也吸引了中国观众,中国与东盟国家在影视领域的合作搭建了民心相通的桥梁。中国和东盟国家正在寻求更深层次的合作,并开始联合制作影视作品,积极讲述中国和东盟国家的故事。

(四) 提高集群水平

产业集群是指在特定领域内兼具竞争和合作关系、地理上集中且相互影响的企业、专业供应商、服务提供商、金融机构、相关产业的制造商和其他相关机构,[①]产业集群水平是研究一个经济体或其某一区域和地区发展水平的重要指标。

在文化产业集群的形成过程中,各个文化产业协调活动,相互合作,产生协同效应,区域内的文化产业整合资源,形成强大的、可持续的竞争优势。文化产业集群的形成,使集群内的文化企业之间实现了专业化分工、合作、交易和资源交换,形成了规模经济,保证了核心和外围各种文化资源、中间产品和劳动力等能够实现高质量、高适配性、低成本的供给,有利于集群内新企业的快速孵化繁衍和迭代升级,使相关产业得到拓展,逐步形成完整的产业链。这有利于提高科技和文化创新的迭代升级,形成不断创新和发展的良性循环机制。

为了促进文化产业集群的形成,应完善本地区文化产业之间的联系,形成一个完整的文化产业体系,包括各种不同但又密切相关的上下游产业。在选择和鼓励少数创意能力强、规模大、发展潜力大、竞争力强、影响力大的文化企业或文化产业作为网络文化产业发展的龙头企业并发挥其领头和带动作用时,政府也应进一步通过政策优惠和倾斜对相关企业加以支持,使其形成有效的集群中心。注重通过地方文化资源的积累和人才、技术的定位,打造地方文化产业特色,优化产业结构,尽量消除重复建设带来的资源浪费,避免形成恶性竞争,实现分工合作、优势互补。

---

① 李开元.面向产业集群的公共服务平台体系建设[J].湖州师范学院学报,2011,33(05)：69-71.

（五）加强行业监管

在积极建设文化强国和网络强国的新形势下,发展健康、新兴的网络文化才是社会主义文化建设的重要任务。因此,加强对网络文化产业的管理和监督显得尤为重要。[①] 作为现代文化产业的重要组成部分,网络文化产业具有经济和文化双重属性。文化属性规定了网络文化产业的经营者要对其传播的内容承担相应的文化责任。也就是作为"产业"的网络文化产业的功能是增强国家的"硬实力",而具有文化属性的网络文化产业,其功能是增强国家的"软实力"。二者需要同步发展,相互配合才能同时加强一个国家的"硬实力"和"软实力"。如果这两个功能没有得到很好发挥,特别是忽略了文化责任,这不仅会阻碍经济的长期发展,也会严重影响社会的价值观。发挥网络文化产业增强国家"软实力"的功能需要完善的法律制度进行规范和引导,防止低俗、不良内容在网络上进行传播,在社会层面传播消极价值观,甚至分裂社会意识。

网络文化产业的经营者必须主动作为,承担文化责任。网络文化产业的经营者必须深刻认识到,网络文化产业关系到精神产品的传播,关系到社会道德和精神文明。因此,必须在经营中加强道德自律,远离"三俗",处理好"叫好"和"叫座"之间的关系,当好网络精神家园的"守门人"。为此,网络文化产业经营者必须从金钱至上的观念中解放出来,找到经济利益与社会利益之间的平衡点,在经济利益与社会利益发生冲突时,企业的经济利益要让位于社会的整体利益。特别需要指出的是,网络文化产业刚刚兴起,相关立法尚未出台,甚至在某些领域还存在法律空白。在这种情况下,经营者更应该保持自律,不钻法律的空子,不进入非法经营领域。

鼓励业界积极参与相互监督与共同进步。2020 年年底,136 位知名网络作家在上海发起的《提升网络文学创作质量倡议书》(以下简称"《倡议书》")引起了网络文学界的强烈反响。《倡议书》认为网络作家必须承担起使文化事业和文化产业繁荣发展的任务和责任,为建设社会主义文化强国做出贡献。该倡议书鼓励网络文学创作者凝聚共识,勇担使命,把时间和精力投入到高质量的工作中去,以精品力作奉献人民,有利于发挥民间力量进行相互监督,从而促进网络文化产业的良性发展。行业内相互监督能够作为对法律监管的补充,从行业规范和持续发展的角度规避行业发展中出现的不良势头,扩大监督的覆盖范围;行业

---

① 博远.公务员遴选模拟试题系列解析(十七)[J].领导科学,2016(25):40-41.

同僚可根据对网络文化创意产业发展的前沿经验和实践中产生更具前瞻性和预见性的思考的研判，从更专业的角度对网络文化创意产业中的潜在问题进行讨论并采取相应的措施进行规避。

三、企业层面

（一）传统企业向数字化转型

数字化是文化产业高质量发展的重要趋势和主要推动力。数字技术的应用对传统产业的发展提出了新的挑战，也促使传统文化产业创新的理论和实践发生转变。在数字时代，数字技术正在创造新的产品、服务和商业模式，改变着行业的商业模式和战略，传统企业需要抓住这个机会进行数字化转型。越来越强大的数字平台正在颠覆传统的文化产业模式，文化产业价值链的结构也开始从线性结构变为网状结构。例如在户外广告领域，由于数字技术的应用，数字户外媒体在各方面都有明显的优势，如提升品牌形象、互动性和精准投放。谈到投放，传统的户外广告面临着位置选择和量化复杂性等问题，而通过数据和技术对线下广告进行智能投放，广告商可以根据不同用户的心理偏好、标签和人群特征，实现更精准有效的投放。此外，数字户外广告利用 3D 和 VR 等技术赋能现有的广告资源，以各种有趣的方式为消费者提供新的、更真实的互动体验。数字户外广告可以单独或与其他公司合作开发程序化投放技术和平台。例如，在 2018 年，阿里巴巴集团收购了分众传媒的战略股份，次年双方联手推出"U 众项目"，阿里巴巴的数据驱动方法使分众能够"网络推送、实时监控、洞察回报和影响力测量"。在技术和需求的推动下，户外广告市场正在快速变化，从单一媒体的"野蛮生长"和"位置为王"阶段进入"场景驱动""整合营销"的复合媒体时代。

（二）创新商业模式

著名管理大师彼得·德鲁克曾说过，"今天企业之间的竞争不是产品之间的竞争，而是商业模式之间的竞争"。[①] 转型经济体复杂的市场和制度环境往往会创造出新的商业模式。文化企业需要发展自己的核心竞争力，根据内部资源、外

---

① 古广胜.区域文化产业品牌构建研究——以广东梅州为例[J].改革与战略,2013,29(12)：91-95.

部环境和条件确立和更新自己的商业模式。在经济全球化和商业环境快速变化的背景下,依靠商业模式创新实现对文化产业的发展至关重要。每一次商业模式的创新都会给企业带来长期的竞争优势。随着消费者价值观念的变化,企业必须不断根据消费者的真实需求调整自己的商业模式。

例如,敦煌的文化产业就采取了跨行业经营的模式。跨行业经营是指打破一业独大的格局,充分利用不同行业和企业的资源,实现经济效益的最大化,包括跨媒体经营、跨业务经营和跨地区经营。敦煌文化产业的跨行业模式主要体现在跨媒体、跨业务经营两个方面。在跨媒体方面,敦煌把精神文化作为一种商品,强化新媒体的传播功能,弱化了传统媒体在文化传播中的地位,从而降低了广告成本,同时扩大了受众范围;在跨业务方面,敦煌莫高窟以 IP 跨界的形式与良品铺子合作生产中秋月饼,与腾讯合作推出《敦煌数字供养人》H5,策划了"数字供养人"和"敦煌丝巾",与王者荣耀合作设计游戏皮肤、飞天主打歌《遇见飞天》,与淘宝合作"飞天形象泳衣",与御泥坊合作"飞天面膜"等,不仅获得了巨大的经济效益,也为敦煌文化的普及和弘扬做出了贡献。

(三) 注重人才培养

人才资本在市场上的积累和分配是文化产业要素市场的重要内容,也是文化企业的核心竞争力。虽然网络文化产业的兴起使文化产业人才数量和质量有所提升,但是我国文化人才结构依旧存在着总量小、精英少、结构失衡、分布不均等问题,人才匮乏依然是制约文化产业发展的主要瓶颈。2010 年以来,文化产业人才短缺成为主要矛盾,文化产业结构调整需要人力资源作为支撑。培养创新型人才,可以促进新颖、有吸引力的内容创作和产品开发,推动行业的不断发展和创新。同时,网络文化创意产业发展迅速,要求人才对行业有着深入的了解和把握。培养行业专业知识和趋势把握能力的人才,能够适应行业的变化和发展趋势,为行业的创新和竞争提供有力支持。

市场是人力资源最有效的配置方式,也是产业与人之间更直接、更具体的沟通机制,它能更有效地促进人力资源高质量变现和进行继续教育。针对现有的人力资源短缺问题,产业的引导功能体现为可以通过对薪酬和社会地位的感知来影响人才的职业选择并吸引人才。得益于互联网等新技术,网络文学、音乐和视频等文化领域的人才释放、成果转化和价值实现路径越来越简短而直接。此后,网络文化产业发展依旧可以发挥市场调节的作用,推动人才结构调整。

（四）打造文化品牌

品牌战略作为各行业发展的重要战略，对网络文化产业的发展也能起到非常重要的作用，能够有效提高企业的综合竞争力。田子露认为，目前，我国文化产业在实施品牌战略方面还存在诸多问题，如企业对品牌战略的认识不足、缺乏长期独立的盈利品牌、品牌战略实施不力、缺乏政府相关政策支持和引导等。因此，应通过加深企业对品牌战略的认识，加快建立文化产业自主盈利品牌，推动文化产业品牌发展战略的实施，借助政府相关政策的支持和引导，全面推动文化产业品牌战略的实施。梁明洪探讨了文化产业如何在操作层面上打造强势品牌。首先，需要调查和研究目标受众的审美偏好和消费需求，了解竞争对手的优势和劣势，分析和评估自己的优势和劣势。强有力的品牌识别不仅反映了品牌价值，是在品牌和顾客之间建立积极关系的基础，而且也是品牌战略愿景的基本要素。鉴于文化产业的无形性，品牌识别系统应注重"符号的品牌""个性的品牌"和"组织的品牌"，它们共同构成了文化产业的品牌符号。其次，还应该在对目标受众、竞争对手和品牌识别进行战略分析的基础上，进行清晰准确的品牌定位。最后，在品牌延伸的基础上进行品牌管理，不断维护和强化品牌符号的核心价值。

（五）参与文化治理

党的十八届三中全会旨在推进国家管理体制和管理能力现代化，管理体制包括文化建设等社会各个领域的体制、机制和法律法规的综合体系。[①] 文化治理不仅是国家治理的重要组成部分，而且是国家治理理念在文化领域的应用。文化作为意识形态的外在表现，是不容易进行管理的。互联网作为新兴的文化载体，其分散性和横向性符合当代的治理理念，显然，互联网是文化治理的重要平台，也是治理现代化的重要工具。在管理时代，国家文化治理体系是一个相对封闭的系统，只有政府是主体，其他都是客体，主体和客体之间的关系是绝对的、不平等的、自上而下的、单向的。而在治理时代，国家文化治理体系显然是一个充分开放的系统。国家、经济和社会在某种程度上是相互关联的行为体，在各自的治理空间中，其特点是具有自上而下、自下而上、左右平行的复杂性。这些不同的行动者共同构成了国家文化治理系统的合作治理网络。

---

① 丁磊. 新型城镇化建设视域下地方政府绩效评估研究[D].南京：东南大学,2015.

田蕾考察了数字文化企业参与文化治理的现状,她建议行业协会完善自律规范,共同承担社会责任,主流媒体和数字媒体应合作优化舆论生态,加强对平台型企业的监管,净化产业创新生态。广大网络文化企业应主动认识到坚持正确方向、履行社会责任也是企业发展的重要动力,进而主动参与国家文化治理。

第三节　我国网络文化产业实践路径

基于上述网络文化产业发展战略的提出与分析,可以看到当下网络文化产业发展的路径主要围绕以下两个重点进行,一是文化科技融合,二是数字文化产业。

一、文化科技融合

网络文化产业的发展始终与网络技术的发展进步有着密不可分的关系,随着互联网技术的发展与突破,文化产业和文化服务业通过技术协同、平台集成等途径,将数字技术与文化产品进行融合创作、生产和传播,借助高新技术赋能文化产业创新,主动创造机遇,引领文化产业创新发展趋势和潮流,带动整个文化产业转型以及网络文化产业的发展。学者们在环境建设、人才储备、外部平台等方面提出文化科技融合发展的路径推进文化和科技融合发展的驱动机制。以北京作为典型案例,其通过建构北京地区文化和科技融合发展评价指标体系,对北京地区文化科技融合发展水平进行评价;同时,其他具体技术如光学技术与数字电影放映系统的结合与发展能够推动数字媒体技术在动画、动漫、电影、文旅等产业中进行融合与应用,以技术突破提升文化产品的吸引力、表现力和体验感等。媒体的迭代将导致文化产业形成新的规模、新的内容和新的范式。文化和技术是相辅相成的,跨界融合开辟了网络数字文化产业。

科幻作家斯蒂芬森(Neal Stephenson)于 1992 年在其著作《雪崩》中首次提出"元宇宙"(Metaverse)的概念,当时汉译本将其译为"超元域"。元宇宙使人能够凭借各种技术手段以独立的数字身份自由参与和共同生活在与现实世界映射和交互的数字世界,该类数字世界既独立和超越于现实世界,元宇宙发展到极致将对生存进行重新定义,成为未来人类的数字化生存。元宇宙的核心要素包括虚拟身份、内容生态、沉浸体验、经济系统和治理模式，其底层的支撑技术主要包括网络及算力、物联网、交互技术、虚拟现实技术、区块链、人工智能和电子游戏技术。

（一）元宇宙与网络文化产业融合构想

元宇宙凭借一系列尖端科技使物理世界与虚拟世界之间的区别和界限消失，具有娱乐性、沉浸性、体验感、真实感、创造性统一的特点。蕴涵精神消费性质的文化产业与元宇宙碰撞将产生富有想象力的创作和发展空间。元宇宙通过与文化产业的深度融合，不仅会影响文化产业的表现形式，而且必将使文化产业产生整体性和革命性变革，包括其生产模式、消费方式和表现形式在内的运作逻辑和表现方式方面都将迎来革命性变化，并产生品牌和文化融合等新现象。

（二）元宇宙影响网络文化产业的生产模式

移动互联网时代改变了传统的文化产业"生产者-消费者"二分模式，用户生成内容（UGC）成为主流，实现了内容创作的大众化。然而，以中心化平台为代表的 Web2.0 时代，创作者利益无法获得保证。如今已到了 web3.0 时代，从生产主体来看，元宇宙的内容生产主体不仅包括专业生产内容（PGC）、用户生成内容（UGC），而且人工智能生成内容（AIGC）将会成为内容的主要来源。创作权益方面，元宇宙时代区块链等技术能够更好地保证创作者的合法权益，NFT（Non - Fungible Token）等技术能够实现对用户生产的内容确权，并建立高效的交易和流通体系。最终，元宇宙时代创作者的收益结构也将产生变化，创作者经济欲将实现从"单边网络效应"到"跨边网络效应"的转变。跨边网络效应改变了创作者收益与产品销售量挂钩的结构，与这一点不同，能够是通过供需两端交互作用，使双方的价值变得更大。用户从消费者转变为产销者，创作能力和传播的影响力得到进一步提升，供需双边相互促进的良性特征就此形成。创作者经济的生成并成为主流将激发更多人参与到内容创作中，发挥广大群众的创意，将会使内容空前丰富，从而实现文化生产模式的大变革。

（三）元宇宙影响网络文化产业链的表现形式

网络文化行业产业链包括创意设计、内容制作、宣传发行、平台运营、版权及周边产品开发等环节，整个链条较长，各环节的价值创造差异较大，不同的运营主体在产业链上有不同的定位。受到国内外经济形势以及新冠疫情的影响,文化产业数字化转型速度进一步加快。文化产业拥有丰富的 IP 资源、产业空间大、消费弹性大、产业链条长、对相关产业带动性强、运营模式成熟,有直接参与构建"元宇宙世界"的天然优势,元宇宙也将对文化产业的格局和未来发展带来深远影响,下面从影视产业、文化艺术、虚拟人产业三方面做简单介绍。

一是在影视产业方面,由于元宇宙更强调类似"游戏"的互动特性,影视产业需要把观众由单向被动"观看"变成多元主动"参与",在体验内容的同时也将创造内容,通过提供 UGC 开放式在线创作平台,让用户参与创意分享、剧本创作、短视频发布等环节;在拍摄制作环节,以"真人数字模型""虚拟摄制组""智能摄制"的模式,探索部分片段或桥段在元宇宙中独立制作完成,从而突破物理时空的限制;此外,亦可在元宇宙世界进行宣发和播映,实现线上线下宣发、实体影院和虚拟影院联动,带动周边产品以及其他消费场景,如主题乐园、剧本杀、密室逃脱、影游联动等。

二是在文化艺术方面,NFT(非同质化代币)的不可分割、不可替代、独一无二的特性使得虚拟物品的数字资产化成为可能,NFT 为数字资产锚定价值,结合虚拟货币和 NFT 交易平台,能更好地实现数字资产的创作、确权、交易、流通、收藏等功能。在元宇宙中可广泛应用于数字藏品、艺术品、绘画、音乐、虚拟礼品、游戏装备等领域,例如未发行过的电影海报、剧照、电影配乐、电影剧本、电影道具、创制花絮等,只要有人认可,都可以转为 NFT 作品,被用户收藏或交易。

三是在虚拟数字人产业方面,作为任何人进入虚拟世界的必要化身,虚拟人是元宇宙的重要组成部分。得益于语音合成软件、虚拟人物模拟软件等技术的持续进步,虚拟数字人的应用场景和商业价值逐步显现,比如发展迅速的虚拟偶像。相比于真人偶像,虚拟偶像具备形象设定更加饱满新潮,人设不易崩塌,运营风险低等优势。虚拟偶像产业链上游主体为设备、软件等供应商以及画师、模型师等美术相关工作者,中游主要为虚拟偶像运营商,包括个人与企业,下游则为直播、广告代言、演唱会、周边产品等变现路径。虚拟数字人应用场景广泛多元,可赋能泛娱乐(影视、传媒、游戏等)、金融、文旅、教育、医疗、零售等众多领域,扮演虚拟演员、虚拟主播、虚拟偶像、智能客服、虚拟导游、虚拟医生、品牌代言人等角色。

(四)元宇宙影响网络文化产业的消费方式

元宇宙时代的到来同样会对文化产业的消费带来巨大的变革。元宇宙使消费者能够进一步突破物理空间的限制，可穿戴技术、虚拟现实技术、等将使他们能够以参与、互动和共享的方式消费文化产品。虚实空间的互动性、沉浸式的故事讲述使人们能够更深入且具有体验感地了解与故事人物与故事背景，并与创作者以及文化消费过程中的其他参与者进行深度互动，从而使网络文化消费不仅成为一个休闲娱乐获得精神愉悦的过程，也成为一个社会公共参与和经济转型过程。

元宇宙使文化消费突破了物理时空的限制。元宇宙构建了一个虚拟空间，在其中多位艺术家和内容创作者可以超越物理限制进行协作、互动和表演。而观众则可凭借技术手段在远程以沉浸式方式参与，获得具身性和沉浸感的体验。每个人都可以以化身的方式参加元宇宙中的文化活动，从而提升虚拟文化产品和周边的销售量。

目前，元宇宙还处于雏形探索的概念和初期发展阶段，在基础设施、技术架构、内容生态、伦理规范等方面，距离元宇宙的很多设想还有很大的差距。但数字科技、互联网经济的发展不可阻挡并且势头迅猛，对于元宇宙的发展是值得期待的。文化产业应当持续关注元宇宙发展趋势，探索新技术、新业态、新模式，系统布局内容创作、分发传播、版权资产、场景交互等领域的虚实融合，推进数字化、网络化、智能化发展，成为产业元宇宙的重要建设者和参与者。

二、数字文化产业

网络文化产业作为当前文化产业发展的关键领域，该领域的可持续发展关系到现代经济体系和文化强国建设。近年来，数字文化产业的价值链创新、新业态、生态系统以及网络文化产业与国家安全等议题受到学界和业界的广泛关注。网络文化产业整体呈现新的发展趋势，其中演艺业、会展业、电影业在数字技术的赋能下逐渐向云端发展，"云演唱会""云会展""云观影"等新技术表现形式给传统文化传承和创新发展带来新的活力，"云旅游"这种新模式的出现更是突破时空限制，给旅客带来了全新的旅游体验。网络文化产业创新呈现数据化和智能化的特点，促使传统文化产业实现了升维，在数字时代焕发出新动能，也推动了新兴文化产业的不断革新和创造，引领了新一轮文化消费趋势。此外，网络文化产业生态系统同样出现了整体的革新，表现出内容生产平台化、产品推广网络化、消费体验场景化的特点。

（一）"云旅游"

"云旅游"是指通过互联网和虚拟现实技术，通过在线平台提供虚拟游览和体验旅游景点的服务。"云旅游"可以让用户通过网络浏览和欣赏远程景点的实时图片、视频和音频，甚至可以通过虚拟现实设备进行身临其境的虚拟旅游体验。"云旅游"不受时间和地点的限制，可以随时随地进行旅游体验，为用户带来更加便捷和多样化的旅游方式。"云旅游"为旅游行业提供了新的发展机遇，可以吸引更多的游客，促进旅游资源的推广和开发。

旅游的数字化可以分为两个部分：一是基于旅游产品本身的数字化。比如打开一个网站，通过鼠标和键盘的操控可以实现从某一景点的正门走到后门，沿途每一个景点都和真实的一样，基于 VR 等手段甚至可以达到沉浸式体验的效果。有很多人文类的景区景点都在做这方面的建设，线上访问量也不少。二是基于旅行服务的数字化。比如消费者决定去某个景区旅游，在线上就完成了订票出票、交通住宿等各项准备工作，到了景区一扫码还可以听到指引和解说，出了景区再进到 App 里，还可以一键生成游记发布到朋友圈、微博。这种利用数字化提高旅行服务质量和提升体验的方式也同样是数字文旅的范畴。在新冠疫情期间，走红的正是第一种"云旅游"，这也让很多人认为是一个发展的机遇。但事实上，旅游的核心是人的移动，一个人不离开所在城市，不离开自己家中的旅游是否算得上是旅游，这个问题从"云旅游"诞生之后就一直存在。但就目前来看"云旅游"更像是新冠疫情时期为了促进经济发展而被逼产生的网络文化产业之一，虽然"云旅游"可以作为实体旅游的补充，或者服务内容存在，但本质上不可能替代实体旅游，并占据一定市场份额。此外，"云旅游"的收益也是问题。我们去景区旅游，景区是能获得门票收入的。而除了门票支出，旅游者还要在交通、餐饮、购物、住宿上支付费用，这些支出共同构成了旅游产业。以三亚为例，三亚市以前对此计算的比例是 1∶4。比如，某旅游者的主目的地是某酒店，并在此消费了 1 000 元，那么他在此处的总消费会达到 4 000 元。一味推广"云旅游"，不仅是景区赔本赚吆喝、挣不到钱的问题，对整个旅游产业也不见得是好事。当然，某些景区的"云旅游"搞得确实有风生水起之势，比如故宫的 3D 数字虚拟旅游。不过也要看到其局限性：一是只有知名 IP 支撑的人文景区，才有这方面的操作性；二是依然没有解决收益问题，服务提供商的思路是不赚钱的；三是比较成功的"云旅游"其本质还是博物馆，在线部分依托于大量的文化知识，对于小朋友来说，这不是旅游，这是打着旅游的名义学习上课。

有媒体报道，文化和旅游部准备在四个方面推动数字文旅产业发展。笔者认为，这里面还是要细化，特别是旅游数字化的部分，我们一定要明确旅游数字化的目标是什么。是吸引游客来，是服务好游客，还是想让游客不用来也可以。因此，对于大多数旅游企业来说，搞旅游数字化的目的主要有三个：一是强化网络营销，搭短视频平台等最热门平台的顺风车，降低成本并扩展客源；二是实现服务的人性化，基于对人流的监控，最大限度地调度资源，服务更多游客，甚至可以根据游客个人偏好提供差异化服务；三是提升信息数据价值，通过将景区游客数据提供给政府或第三方公司的方式，实现景区数字化的最大价值。换言之，旅游数字化还是要为游客或潜在的游客服务，围绕在提升景区服务质量，而不是另辟蹊径，人为地在政策支持下造一个新的风口。我们希望的还是在数字文旅促进政策下，对于消费者来说，消费更透明、价格更实惠，从而带动旅游行业的完善和发展。

（二）"云演唱会"

受到新冠疫情的影响，线下演出不得不暂缓或停止，而"云演唱会""云现场"等形式异军突起，成为演出行业新的选择。云演唱会的出现，突破了观看人数与地域的限制，为各平台和演出方带来了可观的流量。"云演唱会"主要卖点首先取决于体验，即看用户对这种"云现场"形式的整体观感。从当下的技术来看，"云演唱会"主打的是 5G＋4K＋VR＋多视角，即围绕 5G＋千兆超宽网络支撑下的超高清、沉浸式、多视角做文章，力图打造一场高品质视听＋零距离交互的"云现场"盛宴。超高清是第一位的，这是呈现演唱会/音乐会现场的基础，也是在线视频消费不可逆转的习惯。为了保证超高清播出，由专业导播通过调度现场 14 台广播级 4K 摄像机完成 4K HDR 信号制作，不仅保证了 TV 端的精确呈现效果，还赋予手机端观众自由缩放 4K 视频画面的自由，能够保证放大过程中细节不会受到损失。沉浸式是现场演唱会的一大特点，对标线上须用 VR 技术，才能立体还原现场。演唱会还将采用 5 路与演员近在咫尺的 8K VR 摄像机直播，为观众提供了触手可及的明星 VR 视频画面，获得更加逼真刺激的感官体验。多视角能够为线上提供独立选择视角，自由切换观看的权利，是现场演唱会必不可少的体验。通过在直播现场布置多路独立镜头切换呈现多个独立视角，观众在观看过程中拥有更高的自由性和灵活性，不仅可以在同一个视觉窗口、同一时间观赏不同视角的画面，也可以进行主画面-子画面切换从而精准捕捉表演的精彩瞬间。多视角技术不仅将视角的选择权由导播交给用户,为其带来更具个性化的体验和浏览过程。同时,多视角能够将画面拉到用户眼前的同时保证细节清晰,获得即使现场前排观众也无法感受到的体验。总而言之,当前在各种技术条件加持下的"云演唱会"对上了用户永远追求极致体验的脾胃,具备了市场需求的原动力和巨大潜力,是未来产业创新的关键力量。

2022年可以说是"云演唱会"最受欢迎的一年,吸引了众多人的目光。五月天、周杰伦、李健、刘德华等众多主流以及大牌艺人纷纷入局,抖音、快手、视频号等流量平台全力推广,不仅为粉丝带来了满满的"回忆杀",也让各路资本嗅到了线上演唱会的商机。2022年,周杰伦在快手平台的线上演唱会,点赞数达10.5亿,同时在线人数达1129万;刘德华在抖音平台的线上演唱会,最终观看人数超过3.5亿人次,点赞数超16亿;周华健在TME四大平台和微信视频号的线上演唱会观看超过3.5亿人次。从反馈来看,"云演唱会"能提供完美的视觉呈现,在美感、新科技应用上胜出,特效更加清晰,不受座位限制,不用抢票即可享受到传统演唱会VIP席的待遇。观看过程也不会受到其他观众的影响,为观看者带来了"个人小单间"的沉浸式体验。与传统演唱会不同,线上演唱会的观看行为有着随性、间断的特点。但是随着当前政策的放开,从2023年开始,艺人的线下演出即将恢复审批,多场线下演唱会陆续发布预告。线下演唱会的复苏势必会给"云演唱会"带来冲击。在线下演出恢复的大背景下,艺人、平台及资本,是否还会愿意去推进"云演唱会",其对比线下演唱会是否具有竞争力,这是需要深究的问题。但就目前对"云演唱会"展望来看,技术赋能将成为能否持续吸引观众的关键。综上所述,"云演唱会"在未来将会成为完全不同于线下的数字文化产品,形式将变得更加多元化、更具有科技感。沉浸式的体验、影像化的创作、可以互动的虚拟形象,才是这种崭新文化产品的发展方向。当线下演出的现场感和线上演出的传播度相结合,才能有效壮大演出市场,并且使得传统文化产业转型为网络文化产业之路变得更顺畅。

(三)"云展览"

"云展览"是在互联网环境下通过资源整合和服务共享,向公众传播文物数字信息和相关知识图谱的信息服务系统。它是对文物数字信息的可视化呈现,是在互联网技术支持下建立的共建共享知识网络系统,是一个使用方便、没有时间和空间限制、能够实现文物信息跨库共享的知识平台。"云展览"的实现技术与呈现形态的差异使其可以分为三个不同的类型。

一是最简单的呈现方式，即图文在线展，包括将展览脚本/大纲搬到网上的初级形式，藏品信息管理数据库可以开放共享，这也可以细分为两种，第一种类似一个电子的展览宣传册，互动性较弱，但是易于实现，成本低廉，对观众吸引力也较小；另一种可以浏览藏品的信息及图片，与其说这是一个云展览，其实更像是线上文物数据库检索与浏览系统。

二是实景三维展。此类型主要是线下物理空间的线上呈现，运用专业相机等将线下实体展厅进行全面的拍摄记录，然后通过后期技术制作出虚拟空间，让观众如同置身于真实的展厅立体空间里参观，重点文物详情介绍、场景跳转、点赞、分享、评论等互动功能穿插其中，以提升观众体验感。比如2021年上大博物馆举办的"三星堆：人与神的世界"线上虚拟展览，就是以展厅的实景为基础，然后利用全景摄影技术和图像拼接技术，对展厅真实场景进行360度全方位的拍摄，还原展厅实景。

三是三维虚拟展。在文物数字化信息的基础上，一个或多个博物馆之间展开跨馆合作，就某一具体主题展开信息进行组合和加工，成果供观众浏览。虽没有相应的线下实体展览，但是能够按类别或主题有条理地将更海量的、原本零散的博物馆藏品信息汇集起来。这种类型的展览通常适用于线下空间不足或线下难以实现的实体展览，通过线上空间建模和场景还原，让更多观众看到展览的主题演绎。比如2022年4月，群核科技与中国丝绸博物馆签署战略协议，双方将在多方面展开深入合作，协同打造"数融＋"数字博物馆系统，在虚拟的数字空间中创建一个云原生的数字展览。

当前"云展览"的迅猛发展得益于两方面的因素：有巨大的市场需求；技术已经相对成熟。"云展览"具有运营成本低、展示空间无限、受众群体庞大、传播范围广等诸多优势，可以跨越地域和时空的限制，将其诸多优势发挥到极致。虽然"云展览"的快速发展给传统博物馆带来了巨大的冲击，但它并不能完全取代传统展览。相比之下，"云展览"的真实体验显然要差很多，但在科技日新月异的今天，"云展览"提供虚拟现实场景并不是一件牵强的事情，科技发展日新月异，知识呈指数级增长，随着科技的快速发展和知识的指数级增长，云博物馆可以快速、高效、准确地展示展品信息。既然"云展览"的冲击不可避免，而传统博物馆又必须发展，那么传统博物馆就要在展示功能上有所突破。未来，传统博物馆可以将文化设计创新与新媒体技术相结合，利用新媒体技术与移动数字终端App

互动。为在线观众带来内容丰富的互动和沉浸式体验,使参观过程变得有趣、充满互动性。新媒体技术还可以帮助在线观众欣赏那些未展出的藏品,满足不同观众对信息和知识的需求,让观众在博物馆里通过 AR、VR、MR 技术与历史对话,与文物交流,与古人对话,并将文物开发为文创产品,让观众可以通过 3D 打印技术进行制作,让观众可以把"文物"带回家。

第四节　我国网络文化产业发展基本原则

随着近年来数字技术的快速发展,数字技术不仅深刻地变革了社会的文化生产方式和人们的文化生活状态,而且为文化产业的全面创新与升级再造开辟了广阔的空间。在文化产业转型和网络化的过程中,如何针对人们对美好生活的向往和对主体精神建设的需求进行内容生产,通过优质文化产品的供给来提升人们的精神力量,满足人们多样化、高水平的文化需求,是文化产业高质量发展的核心。从文化资本、文化主体、文化市场和文化安全四个方面考虑,网络文化产业的高质量发展应以保护知识产权、开放共享数据、规范市场秩序、守住安全底线为策略原则。

一、保护知识产权

数字产品本身的可复制性、易传播性和可分享性增加了知识产权保护的难度。人们对数字产品的直接支配权包括所有权、使用权和担保权。就网络文化产业的路径实践来说,数字文化产品的生产和消费需要以保护人们的知识权益为前提,并且为传统文化产业的高质量发展奠定价值尊重和保护的基石。从社会文化资本积累的角度看,作为数字符号存在的文化价值在进入生产和消费环节时,区别于物质产品的最重要特征是,这种符号化的存在并不随着人的使用而减少,甚至随着个人使用的增加而提升其社会价值。因此,在网络文化产业的营销上,不同类型的文化产品有着不同的价值交换和价值创造路径。网络文化产业服务的开放平台往往与个人用户的部分信息权的放弃有关,而数字产品的使用机制也与其盈利模式的设计密切相关。同时,在文化供给领域,也有大量的公益性网络文化产品直接提供给个人,这进一步加强了网络文化生态的丰富性,使人们在公益性文化产品的传播和营利性文化产品的营销方面有了更多选择。在网络文化产品的个人所有权方面，存在着独家数字产品和非独家数字产品共存的数字生态，市场化供应和公益性保护之间存在差异，市场化供应本身设计的不同盈利模式也造成了差异。这种共生的网络文化生态需要为网络文化知识产权建立清晰的边界，在为数字知识产权提供充分法律保护的过程中，一方面，促进网络文化产品的价值创造，进一步提升社会的数字文化资本，增强社会的文化实力；另一方面，加大对个人享受网络文化权利的保护，提升个人的文化生活和精神创造的活力。

二、开放共享数据

网络文化产业生态中最活跃的部分始终是人，人参与到文化产品生产和消费的全过程中，这两种不同的角色在网络文化产业生态有时相对独立，但在数字技术不断发展的当下，二者可以融为一体，实现价值创造与满足自身需要。网络文化产业的高质量发展越来越需要生产者与消费者的共同提高，需要精神主体间互相激发和互动，从而创造文化产业数字生态的供需平衡关系，形成网络文化生产与消费者之间良性互动、相互促进。文化数据作为网络文化基础性平台建设的核心要素，在建构网络文化产业平衡关系中发挥着关键作用。

在网络时代，人的文化性存在需要通过数字符号进行表现和促进，从而完善人的精神建构，充分的网络文化资源成为实现这一目标的重要条件。在网络文化领域，开放共享数据有助于消除主体精神建构的壁垒，从而提高生产者与消费者的数字文化资源供给与需求匹配程度。数据分享不仅能够推动网络文化创造，激发社会文化创造的整体活力，而且也能够拓展网络文化产业的高质量发展的生产消费空间，在活跃社会文化创造整体氛围的过程中，实现高质量文化产品的创新升级和交易循环。

三、规范市场秩序

与传统文化产业相比，网络文化产业是文化生产者与消费者之间的一种新型的交换和价值生产渠道，因此其市场秩序必须随着网络文化产业的发展而不断调整和完善。网络文化产品主要利用数字信息网络进行传播，改变了传统文化产业市场的运作方式,在这个新的市场中可以形成更加灵活、有效、多元的市场交换机制,实现供需的直接匹配。市场主体可以通过网络和数字平台搭建的多种传播渠道推广自己的产品,收集和融合客户资源,实现文化产品的价值交换,实现自身利益的最大化。在互联网掀起的信息风暴中,注意力经济成为网络文化产品市场的焦点,用户注意力形成的数据流不仅成为网络文化产品营销的重要手段,受到网络文化生产者和经营者的推崇,数据本身也成为网络文化产业再生产的关键性资源,能够实现价值创造。信息交互平台在聚集了庞大的用户资源后,以垄断者的身份通过各种行业规定和技术手段限制人们的信息获取和交互选择行为,以获取更大的商业利益。以用户注意力为导向的网络文化生产在内容供给上也出现了不均衡的现象,以低俗、庸俗的内容获取注意的现象屡见不鲜,这已经成为网络文化产业生态中的一种恶性病毒。实现网络文化产业的高质量发展,需要有效防止网络文化产业恶性病毒的扩散并及时清除,同时通过构建文化生产可追溯管理体系、建立反平台垄断机制等有效措施,保护网络文化产品的公平交换机制,不断规范市场秩序,为网络文化生产和消费创造健康有益的环境。良好的网络文化产品市场秩序,既是实现网络文化产业高质量发展的内在要求,也是不断提升网络文化质量的路径保障。

四、守稳安全底线

数字技术的发展通过互联网为世界各区域文明之间的文化交流和互鉴搭建了新的桥梁,打开了人们信息互动的大门,文化领域的全球化进程表现突出。多样化和多类型的文化意识及其文化产品在网络技术的帮助下,为主体的精神生活带来了个性化的选择,同时也带来了各种思想意识和价值观念的威胁和挑战,影响了各国民族观念文化的维持和生存。文化安全作为国家安全的重要组成部分,对凝聚国民向心力、引导人民价值观发挥着根本性的作用,能够在数字文化生态的共建共享中确保民族文化的长治久安。文化产业除具有一般商品生产的经济属性外,还具有意识形态的政治属性,且后者对国家发展具有更加深远的影响。只有从国家文化安全的战略高度守住其安全底线,才能在网络文化产业高质量发展中实现社会效益和经济效益的内在统一。构建网络文化产业生态的安全屏障,不仅要在网络文化产品的内容表达、价值导向、数据安全上把好关,更要在数字文化领域的价值较量和意识形态斗争中赢得主动权,牢固掌握各国民族文化的话语权、民族精神的捍卫权、信仰追求的自主权和人类共同价值的倡导权。总而言之，网络文化产业的高质量发展不仅要求简单的经济发展，而是集经济效益和社会效益于一体的综合发展。无论是网络文化产品的生产者还是消费者，都应树立自觉的文化安全意识，并将其落实到文化创造、价值交换、精神建设和自主互动的动态过程中，为建设文化强国贡献力量。

五、结语

网络文化产业作为一种新型产业形态，虽然出现的时间较晚，但发展神速，是文化产业的新领域和重要组成部分。通过上文对网络文化产业发展策略和实践路径的分析与研究可以发现，当我国网络文化产业发展面临一定困境的同时，时代的进步也为未来发展创造着机遇。

（一）我国网络文化产业发展的痛点

1. 网络文化产业管理困境

网络文化产业是基于互联网平台的快速发展而兴起的产业类型，由于互联网的虚拟性和动态性，网络文化本身具有很强的自由性、动态性、多样性、多变性和开放性的特点，因此对网络文化建设和相关产业管理提出了挑战。一方面，互联网是一个开放的平台，不同的文化形态可以在网络中共存，网络中充斥着许多低俗文化，包括网络犯罪、网络暴力、人肉搜索、黄色信息等内容，这对于互联网文化产业的良性及社会思想意识的建设都非常不利；另一方面，互联网文化产业的传播形式边界模糊，在整个网络空间中会呈现出庞杂碎片的形式，这些形式虽然可以相互融合、共存，但也会导致文化主导的作用和权威性逐渐减弱的不良影响。

2. 产业转型和质量提升面临新困境

在"互联网＋"时代，网民拥有更大的主动权和自由，不仅可以方便地获取各类文化产品，而且还可以对网络文化产品直接进行评价，对文化市场的反馈更为直接，例如质量不高的网络文化产品上市之后，受众对其内容与质量不满意，则可以不经由传统媒体进行评价，而是直接通过微信、微博以及各类社交媒体或网站等互联网渠道表达意见，可以对网络文化产品市场产生直接影响，甚至产生滚雪球式连锁反应。在移动互联网快餐式阅读习惯的趋势下，网民对网络文化产品的质量提出了更高的要求,网络文化产业可持续发展的关键直接表现为产品品质的竞争。

3.激烈竞争使文化走出去面临新困难

一方面,互联网拓宽了文化产业传播的渠道和范围,形成了更为多样的网络文化业态和发展模式,使得网络文化产业竞争激烈,不仅要从国内文化消费市场中分一杯羹,还要警惕境外不健康文化产品的渗透和冲击;另一方面,网络文化产业走出去面临着现实困难与发展瓶颈,拿网络文学这一类文化产品来说,由于缺乏兼通中国文化与欧美阅读习惯的高质量翻译人才,对海外市场的了解有所欠缺,难以实现将国内文化产品在差异文化语境中进行推广,我国的文化企业最终仅能够作为海外市场开发的配合者,而不是主导者。

(二) 我国网络文化产业的未来发展机遇

1.加强监管,创造网络文化产业的新环境

要发挥法律监管在网络文化产业发展过程中的约束和管理作用。建立相关的法律体系,明确网络文化产业的经营行为准则和规范、相应的责任以及对违法行为的处罚。监管机构应加强对法律法规的制定和执行,确保网络文化产业的合规运营。同时也要建立许可与审查制度,对网络文化产业中的重要环节、敏感内容和涉及用户权益的平台进行严格审查。除此之外,要加强对网络文化市场的监测和执法力度,及时发现和处置违法违规行为。监管机构应建立有效的监测机制,收集和分析市场数据,发现市场乱象和不正当竞争现象,并采取相应的执法措施,维护市场秩序和营造公平竞争环境。总之,要采取各项措施建立健全的监管体系,保护网络文化产业的合法权益和社会利益,促进其健康、可持续发展。同时,监管措施应与创新和发展相结合,平衡监管和创意的关系,确保监管的有效性和产业的活力。

2.加强整合,构建网络文化产业的新格局

首先,要利用互联网平台,通过大数据及时掌握人们当前的兴趣偏好和消费路径,并结合这些内容要素,生产和创作出新的、高质量的文化作品,准确传递给公众。其次,要充分挖掘传统文化资源的价值,通过互联网注入创意,以创意激活资源,提升文化资源的价值,提升网络文化产业发展深度。最后,要树立大文化发展观,让互联网与文化、旅游、体育融合发展,与艺术、教育多领域协同发展。

3. 加强孵化，打造网络文化人才培养新体系

网络文化产业是由多种技术和跨行业技术组成的新兴产业模式，不仅需要吸引大量懂新兴数字技术，包括移动互联网、人工智能、大数据和云计算的高技术人才，而且需要吸引兼具传统文化、互联网文化以及海外文化底蕴的多维度人才，推动网络文化产业链的融合和创新发展。发展好网络文化产业，孵化并建立一支具有核心竞争力的人才队伍，以适应网络文化产业的需求，不断更新，依靠科技和信息化手段为广大消费者提供优质网络文化产品和体验。

4. 加强意识，建立网络文化知识产权保护的新规范

互联网新技术带来了新的文化产业生态，例如出版、动漫、音乐、影视等多领域都随着互联网的介入而发生重大转型，但是其中的知识产权问题尤其值得关注，更加需要建立和完善互联网领域的文化产业知识产权保护制度。要在网络文化产业的细分领域，完善相关法律法规，发挥网络文化产业的主体能动性，鼓励网络文化产业在创新商业模式的同时，企业要承担打击知识产权违法的责任。

综上所述，随着科技的快速发展及对文化产业影响的扩大，在不久的将来，5G 应用将广泛融入社会，文化产品的数量和种类将更加丰富，传统行业的数字化将更加深入，具有可视化、互动性、沉浸感的数字创意产品和服务将不断涌现。未来，人们还可以通过移动智能终端沉浸式地体验不同类型的文化产品。让我们一起期待网络文化产业未来的发展，让文化更好地融入我们的生活，通过文化来提高我们生活的质量。

第四章

网络文化产业商业模式与生态发展

本章旨在对网络文化产业的商业模式和生态发展进行阐述,更好地了解和掌握网络文化产业的特点、发展趋势和对社会的影响,以期为公司和个人提供有价值的建议和启示。一是了解网络文化产业的现状和发展趋势,帮助企业、政府和研究机构做出正确的决策和规划。二是通过商业模式的分析,总结网络文化产品的特点和消费行为认知。更好地了解消费者的需求和消费行为,为企业开发更好的产品和服务提供有益参考。帮助企业和从业者更好地理解和掌握商业运营的规律,获得更大的商业效益。三是在研究网络文化产业的生态后,分析网络文化产业对于社会经济、文化、政治和精神等方面的具体影响,以及这些因素对网络文化产业的反作用。了解其具体的影响机制和路径,帮助政策制定者和从业者更好地处理与社会的关系,实现社会的和谐稳定和经济的可持续发展。

第一节　网络文化产业概况

网络文化产业因改变人们的生活方式而具有持久发展力,目前大众化的娱乐均逐渐转移到互联网上,互联网变成了一个大众化的、娱乐化的端口,人们已经习惯甚至离不开互联网平台所提供的文化产品,互联网文化企业充分地利用人们的生活方式开拓文化市场,网络文化产业成为一个充满活力和创新性的产业,它不仅反映了人们的文化需求和审美追求,也推动了数字经济的发展和社会的进步。① 随着技术和市场的不断变革，网络文化产业也将不断创新和发展，成为中国文化产业的重要组成部分和重要引擎。

一、网络文化产业的定义

网络文化产业是指利用互联网等数字技术，以文化内容为核心，融合创意、技术和商业模式，生产、传播、展示和消费各种文化产品和服务的产业。它包括数字娱乐、数字出版、数字音乐、数字艺术、数字游戏、数字影视、数字动漫、数字阅读等多个文化领域，并且越来越多的传统文化领域也在向数字化方向转型。网络文化产业是当今世界文化产业中发展速度最快、增长潜力最大的产业之一，具有重要的经济、文化、社会和政治意义。

《文化创意产业分类标准》中将"文化产业"定义为"以创作、创造、创新为根本手段，以文化内容和创意成果为核心价值，以知识产权或消费为交易特征，为社会公众提供文化体验的具有内在联系的行业集群"。与此相对应，网络文化产业（culture industry），则是以互联网络创作、创造和创新为根本手段，以网络文化内容和网络创意成果为核心价值，以网络知识产权或网络消费为交易特征，为网民提供虚拟文化体验的具有内在联系的互联网行业集群。

国外一般把网络文化产业称为"数字内容产业"（digital content industry）。1995 年，西方七国信息会议首次提出这一概念。欧盟发布的《信息社会 2000 计划》将数字内容产业的主体定义为"制造、开发、包装和销售信息产品及其服务的企业"，并明确数字内容产业涉及移动内容、互联网服务、游戏、动画、影音、数字出版和数字化教育培训等多个领域。就目前而言，国内外对于数字内容产业的内涵与范围，尚未形成统一的认识。值得注意的是，上海市数字内容产业促进中心编制的《2008—2009 年上海数字内容产业白皮书》，建议将数字内容产业细分为网络游戏、数字动漫、数字出版、数字学习、移动内容、数字视听、其他网络服务和内容软件八大类，颇有参考价值。参照这样的划分，网络文化产业也可大致分为八类：网络出版、网络视听、网络游戏、网络动漫、网络学习、移动网络内容、其他网络服务和内容软件。②

---

① 陈少峰，侯杰耀.互联网文化产业的挑战与对策[J].北京联合大学学报（人文社会科学版），2016，14（02）：8－12＋61.

② 李文明，吕福玉.虚拟文化体验与真实体验文化——基于体验经济的网络文化产业发展路径[J].北京航空航天大学学报（社会科学版），2012，25（05）：81－85.

二、网络文化产业的历史发展

网络文化产业的历史发展可以追溯到 20 世纪 90 年代,当时网络技术才刚刚兴起。随着网络技术的不断提高,网络文化产业逐渐发展壮大。2000 年,互联网普及率逐渐提高,网络文化产业开始进入快速发展阶段。在 21 世纪成为一个全新的、有巨大潜力的市场。2010 年,随着社交媒体、移动互联网、云计算等技术的兴起,网络文化产业进入更高的发展阶段。网络文化产业的发展可以分为四个阶段:起步阶段、成长阶段、繁荣阶段和成熟阶段。

起步阶段始于 20 世纪 90 年代中期,互联网开始进入中国,人们开始使用电子邮件、即时通信和网络浏览器。同时,一些网站也开始提供一些文化类服务,如论坛、博客等,这也为网络文化产业的起步奠定了基础。这时网络文化产业仍处于起步阶段,主要以文字为主。

在 21 世纪初期,网络文化产业发展进入成长阶段,随着互联网的快速普及,网络文化产业也开始快速发展。此时,一些在线游戏开始出现,如《传奇》《石器时代》等,同时,一些音乐网站也开始兴起,如 QQ 音乐等。这些产品的推出,推动了网络文化产业的成长。

随着互联网技术的不断发展,网络文化产业也进入了一个繁荣阶段。此时,网络文学、网络影视等新兴业态开始出现。在这个阶段,网站的用户量和交互活跃度也大幅提升,产业规模不断扩大。其特点是内容丰富、形式多样,吸引了大量的用户。

进入 21 世纪第二个十年,网络文化产业逐渐进入成熟阶段。此时,网络文学、网络影视等业态也不断发展壮大,同时,在线音乐和游戏等产品也逐渐成为主流消费品。在这个阶段,网络文化产业已经形成了一个庞大的产业链,包括从内容生产、平台建设,到版权运营、广告营销等多个环节。这一阶段的特点是市场更加成熟、竞争更加激烈。

三、网络文化产业的现状

随着互联网的普及和发展,网络文化产业已经形成了一个庞大的产业链,包括内容生产、平台建设、版权运营、广告营销等多个环节。当前网络文化产业的基本情况如下：

（一）市场规模

根据统计数据，2019 年我国网络文化产业总收入达到 6 866 亿元，同比增长 14.4％。其中，网络游戏、网络音乐、网络文学、网络影视等领域表现突出，成为网络文化产业的主要收入来源。

（二）产业结构

网络文化产业的产业结构逐渐完善。从内容生产看，网络文学、网络影视、网络综艺等新兴业态正在迅速崛起，其中以网络文学最为引人注目。从平台建设看，腾讯、阿里巴巴、字节跳动等巨头在这个领域表现突出，同时也出现了一些专业的平台，如有声读物平台喜马拉雅、网络小说平台红袖添香等。

（三）消费市场

网络文化产业的消费市场逐渐扩大。从用户规模看，随着互联网的快速普及，网络文化消费已经成为人们日常生活的一部分，涵盖了各个年龄层次。从消费模式上看，付费模式已经成为主流，用户在消费过程中更加注重内容品质和服务体验。

（四）挑战与机遇

虽然网络文化产业快速发展，但同时也面临着一些挑战。首先，内容质量问题，部分内容品质差、低俗、低幼的产品对整个行业造成了负面影响。其次，版权保护问题，盗版、侵权等现象依然存在。最后，监管问题，网络文化产业的监管体系还不够完善。

然而，网络文化产业的未来仍然充满机遇。随着人工智能、虚拟现实等新技术的逐渐应用，网络文化产业将迎来更多的发展。同时，消费市场的不断扩大也将进一步促进行业的发展。

总的来说，网络文化产业已经成为我国文化产业的重要组成部分，它不仅推动了文化创意产业的发展，也为人们带来了更加丰富、多样化的文化消费体验。网络文化产业将继续成为我国文化产业的重要引擎，对经济发展和社会进步发挥着越来越重要的作用。未来，网络文化产业将面临更多的机遇和挑战，需要不断加强技术创新、内容创新和管理创新,加强行业自律和规范,加强版权保护和监管,促进网络文化产业健康可持续发展。

在这个过程中,网络文化产业需要不断强化自身的核心竞争力,提高内容质量和用户体验,积极探索新的商业模式和营销手段,为用户提供更加多样化的文化产品和服务,同时还需要加强与传统文化产业的对接,推动文化创意产业的融合和协同发展。

四、网络文化产业的特点

互联网与文化产业的结合催生了互联网文化产业这一新的产业形态。作为一个在传统文化产业基础上建立起的产业形态,互联网文化产业延续了文化产业基本的产业范畴,但互联网为文化产业打开了新的发展空间,网络文化产业拥有自己独特的属性和特点。

(一) 数字化技术支持

网络文化产业的产品是数字化的,可以通过互联网进行传输和访问。这使得网络文化产品在时间和空间上都具有较强的灵活性和便捷性,让消费者可以随时随地访问和购买自己喜欢的产品。数字化的特点也使得生产和传播过程更加高效、精准。

数字化技术使网络文化产品包含了多种媒体形式,如文字、图片、音频、视频等。这些多媒体形式可以同时满足不同消费者的不同审美需求,为消费者提供了更为丰富的文化体验。互联网技术优势在于它能够与其他的功能实现一体化,例如边看边下载,边看电视边购物,以及金融支付,这些都是不同功能的一体化。[1] 互联网赋予新媒体的平台效应带来了新的商业模式,也改变了传统文化产业的营销方法。

(二) 用户为中心"互动 + 个性"

网络文化产品的制作和传播具有互动性,消费者可以通过评论、点赞、分享

---

[1]　陈少峰,侯杰耀.互联网文化产业的挑战与对策[J].北京联合大学学报(人文社会科学版),2016,14(02):8－12＋61.

等方式参与到产品的生产和传播中，与产品进行互动。这种互动性可以增强消费者的参与感和满足感，同时也促进了产品和消费者之间的互动和交流。

与此同时，网络文化产品的内容和形式具有多样性和个性化，能够满足不同消费者的不同需求和兴趣。在一个信息爆炸的时代，人们更加关注自己的兴趣爱好和个性化需求，网络文化产品的个性化特点可以更好地满足消费者的需求。

（三）多维的商业化渠道

网络文化产业具有较强的商业化特点，企业可以通过广告、会员制度、知识产权等多种方式实现盈利，同时网络文化产品的消费也是通过交易实现的。这种商业化的特点为企业带来了更多的商业机会，同时也促进了文化产业的健康发展。网络文化产业未来可能有很大的比重要靠广告植入获得收益，网络平台不单是代理广告，而是直接在内容产品中植入广告，这意味着媒体平台在制作内容的过程中，广告植入也归平台所有，媒体平台通过"内容＋植入广告＋硬广告"的模式来扩展发展空间，拓展网络文化产业商业化渠道。[①]

（四）创新成为决定因素

首先，网络文化产业需要不断提供新鲜、有趣、有价值的内容，以吸引消费者的眼球。在内容创新方面，网络文化产业可以通过创作新的故事情节、开发新的角色人设、探索新的主题等方式不断创新。

其次，网络文化产业也需要依赖于先进的信息技术，如互联网、大数据、人工智能等，来推动文化产业的发展和创新。在技术创新方面，网络文化产业可以通过采用新技术、创新技术应用等方式不断推进技术创新。

再次，商业模式的创新需要不断尝试新的商业模式，如粉丝经济、会员制度、社区、虚拟商品等，以更好地盈利并满足消费者的需求。在商业模式创新方面，网络文化产业可以通过创新商业模式、开发新的盈利方式等方式不断创新。

最后，文化融合创新，将不同的文化元素融合到一起，形成新的文化形态。在文化融合创新方面，网络文化产业可以通过创造新的文化形态、促进跨文化交流等方式不断创新。

---

① 陈少峰，侯杰耀.互联网文化产业的挑战与对策[J].北京联合大学学报（人文社会科学版），2016，14(02)：8－12＋61.

（五）资源的整合和全球化

首先网络文化产业是一种跨界产业，它将许多不同类型的领域，甚至是线上线下的资源整合在一起，形成一套完整的网络文化产业链。在这一整合过程中，一些像电商、金融、餐饮等非文化产业也能够与互联网文化产品整合在一起。[①]例如，百事集团与中国刺绣等非遗文化的联名公益活动等，非文化产业提供资金链，互联网提供整合技术及营销平台，让不同领域的企业之间的合作关系在共同的互联网平台上实现了互联网文化产业的跨界融合。

同时，网络文化产品可以在全球范围内进行生产、传播和消费，具有较强的全球性特点，推动了文化的多元化和跨国交流。这种全球性的特点可以促进不同文化之间的交流和了解，同时也推动了文化产业的全球化发展。

五、网络文化产业在现代社会中的重要性

首先，网络文化产业为经济发展注入了新动力。近年来，网络文化产业的规模不断扩大，已经成为中国文化产业的重要组成部分之一。在这个行业中，不仅涌现出了大量的互联网公司和创业者，也为社会创造了大量的就业机会。同时，网络文化产业还为经济增长带来了新的活力，成为了数字经济的重要组成部分。

其次，网络文化产业推动了文化的多元化和丰富化。互联网的普及使得文化信息的传播和交流更加方便和快捷，人们可以通过网络获取来自不同地区、不同文化背景的信息和观点，拓展自己的文化视野和认识。网络文化产业也为人们提供了更加多样化和个性化的文化产品和服务，满足了人们对于文化多元性和个性化的需求。

再次，网络文化产业也为社会的发展和进步做出了贡献。通过互联网的平台，人们可以更加便捷地进行公共信息的传播和共享，推动社会进步和民主进程。网络文化产业也为教育、医疗、文化遗产保护等领域提供了新的解决方案，提高了公共服务的效率和质量。

最后，网络文化产业也具有重要的精神价值。网络文化产业不仅带给人们娱乐和消遣，还通过文化产品的传播和交流，传递正能量和积极价值观，推动社

---

① 陈少峰,侯杰耀.互联网文化产业的挑战与对策[J].北京联合大学学报（人文社会科学版）,2016,14(02)：8－12＋61.

会和谐和精神文明的建设。网络文化产业也成为人们表达自己情感和理念的重要渠道,促进了公民意识的形成和发展。

第二节　网络文化产业的商业模式

一、互联网文化产业商业化运作的形成

文化产业是集各行业特点于一体的产业。它的主体是文化,但也有经济和创造力。文化产业的需求不同于传统企业,文化一定要同时具备创意性和商业性。文化企业要想发展,就应当需要创新自身的商业模式,在具备文化创造力的同时做到文化产业的可持续发展。[①] 互联网的存在给文化产业带来了突破性变化,主要有以下几点。

(一)互联网激发文化消费意愿

互联网的发展改变了文化产业的商业模式。最明显的变化是传统文化产业的营销渠道。人们不再需要去售票大厅购买火车票和机票,能够在线支付选座;能够随时随地在线阅读;无须去实体店购买东西,也能够选择喜欢的在线产品;随着时间的推移,互联网改变了人们传统的消费习惯。移动互联网已经渗透到人们生活的方方面面。[②]

(二)互联网创新了文化金融模式

移动互联网的营销规模和收入超越了传统互联网。在传统文化金融模式下,融资渠道的获取是文化产业经营模式的关键难点。与预想不同的是,在移动网络的背景下,社会各界借助网络连接起来,催生了新的文化和金融模式,比如近年来在互联网上流行的众筹模式,能够帮助一些有文化、有才华的文化人创业者借助融资等方式实现梦想。[③]

---

① 刘媛媛.互联网文化产业商业模式创新路径探究[J].传媒论坛,2019,2(04):169-170.
② 同上.
③ 同上.

（三）互联网为文化产业提供平台

互联网是一个流动性很强的平台，商业模式、用户资源、产品设计等资源很容易被互联网上的其他人选用，这也汇集了互联网上的各种资源，互联网已然成为一个资源聚集地。但最关键的因素就是：互联网是一个无国界的平台，是一个不受时间和空间限制的商业平台。企业在同一个互联网空间开展竞争，地域限制在互联网上被打破。[①] 因此，每个企业都要承受比过去大得多的竞争压力。

企业能够在互联网上做任何事情，不仅仅包含现场体验，科技、娱乐、通信、金融、教育、营销、社交等传统商业项目都能够在互联网上进行。[②] 网络音乐市场规模呈现爆发式增长，2022 年，在线音乐市场规模已突破了 100 亿元。

但值得注意的是，互联网正在成为资源整合的核心领域，围绕互联网逐步形成了网络状的价值链。虽然自媒体和新媒体的出现，让人认为互联网能够带来一种行业的"去中心化"，但事实并非如此。在"流量为王"的现状下，互联网已经被 BAT（百度、阿里巴巴、淘宝）等大型互联网公司中心化。任何互联网业务都离不开微信、微博、淘宝、百度等成熟平台。手游等网络平台吸引各大互联网巨头入驻并加速布局，目的不仅仅包含从手游平台中获取高额利润，巨头们的根本目的是一致的，那就是争夺移动互联网的入口。但这并不意味着龙头平台之外的其他公司没有生存空间，因为互联网平台也具备个性化的特点，而当前蓬勃发展的垂直平台就是互联网个性化的典型代表，这是一个"中心化＋个性化"的时代。[③]

二、网络文化产业的商业视角

（一）文化产品生产是网络商业运作的主要任务

网络经营不仅要生产通用的文化产品，还要生产个性化的文化产品。个性化文化产品是网络经营的优势之一，也是其发展的重要空间。

近年来流行的"长尾理论"说明了网络管理与网络文化多样性相互间的关系。美国《连线》杂志主编克里斯·安德森在他的《长尾理论》一书中认为，商业

---

① 陈少峰，侯杰耀.互联网文化产业的挑战与对策[J].北京联合大学学报（人文社会科学版），2016，14(02)：8-12+61.

② 魏娜."互联网＋"文化产业发展的现状与发展趋势[J].西部皮革，2017，39(06)：94.

③ 陈少峰，侯杰耀.互联网文化产业的挑战与对策[J].北京联合大学学报（人文社会科学版），2016，14(02)：8-12+61.

和文化市场的未来不在于热门产品，不在于传统需求曲线的主体部分，而在那些过去被视为"失败者"的产品——换句话来说，即需求曲线无限长的尾部，即非主流和个性化产品的需要。长尾理论说明了非主流和个性化需求在市场中的重要作用，而互联网的特点就是能够最大限度地激发这些非主流需求和相应的满足方式。因此，长尾理论被认为特别适用于网络经济。

可以说，相对传统经济而言，网络经营需要通过产品的丰富性与个性化来不断拓展发展空间，而这是以网民参差多态的文化需求为前提的。①

（二）商业社区是网络文化产业的厚土

网络文化对商业运作的另一个意义是构建一个以网络文化为基础的虚拟社区，聚集网民，从而促进网民对网站的忠诚度，在原有的基础上更进一步提高网站的品牌影响力。

与传统经济不同的是，网络经济是构建在虚拟社会的基础上，即首先要为网民建构一个虚拟社区，这样才能吸引他们到网络上来，网站才能承载并开展相应的业务活动。从某种角度看来，这对于网络品牌的建设与维护、虚拟社区的建设也具有重要意义。网民对社区的归属感越强、依赖度越高，远离社区的成本就越高，网民对社区的忠诚度也就越高。因此，网络管理的重要基础是虚拟社区，而虚拟社区是网络文化的产物，也是网络文化的孕育空间之一。②

（三）商业模式的成功前提是内容为王

虽然网络文化产业商业模式的目的一定是盈利，但如果脱离了对文化的追求，就会成为一种短视行为，有时甚至会对社会产生负面影响。唯利是图的做法，或许能够一时获利，但不会长久。以文化产品为基础的网络经营，不仅满足了人们的信息需求和物质需求，还在无形中影响着人们的价值观和精神全世界。

传播学认为，大众传媒具备"涵化"功能，即能够潜移默化地影响人们对全世界的认识和判断。与传统媒体相比，互联网有更多的培养人的方式，不仅仅包含信息传播、社区等，网络活动也会在不知不觉中影响人们的行为、态度和价值观。因此，网络管理的因素是广泛而深远的，它不仅影响着网络世界，也影响着现实

---

① 彭兰.商业属性下的网络文化[J].中国广播,2013(05)：30-33.
② 同上。

世界。[①]

　　平台是互联网时代不可或缺的存在,互联网平台是赚钱的主要场所。对平台而言,最重要的是内容,但是我国平台的内容目前做得不好,因为内容平台不能获取更多的利润,所以一些公司不会在内容上投入太多的钱。美国的科幻电影、韩国的偶像、日本的动漫是代表各自国家的文化,但是从某种角度看来,中国尚缺乏真正体现我们自身特点的文化内容,内容产业不完善。在互联网时代,要想更好地发展文化产业,一定要做好平台的主要内容。[②]

三、网络文化产业中常见的商业模式

　　网络文化产业的商业模式是指网络文化行业中的公司创造收益的方式。它主要通过向用户提供内容、应用和服务,从而获得收益。

　　常见的网络文化产业商业模式有以下六种:

(一) 广告模式

　　通过向网络文化产品插入广告来获得收益。比如,在视频网站上看到的广告、在社交网络上的广告。

　　广告支持模式是网络文化产业发展的最早商业模式之一。该模式的基本原理是利用广告支持免费的网络内容,以提高网站的点击量和用户黏性。该模式的优点在于它能够吸引大量的用户,而缺点在于它对广告的要求高,因此需要具有强大的广告投放能力。

(二) 付费订阅模式

　　用户需要付费才能获得内容或服务。比如,付费订阅的新闻网站、付费订阅的音乐服务。

　　该模式基本原理是通过向用户收取一定的费用,以获得更高质量、更丰富的内容。该模式的优点在于能够为网络文化产业带来稳定的收益,同时也能保证内容的高质量;缺点在于需要吸引足够的付费用户,以确保收益的稳定。

---

① 彭兰.商业属性下的网络文化[J].中国广播,2013(05):30-33.
② 刘媛媛.互联网文化产业商业模式创新路径探究[J].传媒论坛,2019,2(04):169-170.

按照艾瑞咨询公司的观点，"B2C 模式"是结合以上两种模式的创新模式。这种商业模式是对付费和免费模式上的综合和创新。目前，已有相当数量的视频网站例如腾讯、优酷、爱奇艺在进行付费观看模式。例如，优酷网从 2010 年下半年推出付费频道，用户可以选择支付 3—5 元观看一部高清影片，也可选择包月服务。甚至还有在剧播过程中，以单集付费解锁的方式，让付费用户优先观看未公开剧集。

（三）内容付费模式

内容付费模式是互联网文化产业的另一重要商业模式。这种模式的基本原理是借助向用户收取一定的费用来获得特定的内容。这种模式的优势在于能够为互联网文化产业带来高额利润；缺点是应当需要吸引足够多的付费用户，还应当投入大量资源生产优质内容。

在以用户生成内容（UGC）为核心的衍生模式中，内容主要由用户生成，基本上是"免费服务＋广告"的模式。这一模式虽然目前还没有得到广告主的认可，但已经出现了一些值得肯定和期待的细分创新模式，比如网站与用户分享广告收益、网站与"股东"用户分红等。[①]

在这种商业模式中，网络文学起步较早，逐步形成了较为清晰的盈利模式。"网络收费阅读"是目前主流的收费模式，即对网站 VIP 作品按文章长短收取一定的阅读费用。收入在平台运营商和作者之间分配。此外，广告和版权输出也是网络文学平台重要的收入来源，作者也能够参加分成。[②]

（四）电子商务模式

通过网络文化产品销售实物商品或服务获得收益。比如，在网络上购买实体商品的电商网站，在游戏中购买道具的游戏商店。目前，网络文化产业对于IP 的制造热情持续不减，因为一个大的 IP 意味着短期内十分容易变现，该 IP 的粉丝，会对其线下实物商品进行追捧，那么一个网络文化 IP 就可以通过实体商品进行有效变现了。

---

① 李文明，吕福玉.网络经济边际效应与网络文化产业发展模式研究[J].现代财经（天津财经大学学报），2011,31(10)：5-15.

② 李文明，吕福玉.虚拟文化体验与真实体验文化——基于体验经济的网络文化产业发展路径[J].北京航空航天大学学报（社会科学版），2012,25(05)：81-85.

（五）免费增值服务模式

在提供免费的基本服务之外，向用户提供额外的付费服务。比如，提供免费使用的文件存储服务，但用户需要付费获得更大的存储空间；提供免费使用的图像处理软件，但用户需要付费获得更多的功能。例如百度网盘，普通用户可以使用正常的存储功能，但是只有会员才可以享受扩大的存储空间和更快速的文件下载速度。当前也出现了一些供应商通过刻意限制下载速度或存储空间来"逼迫"用户进行付费的情况。

（六）虚拟体验

如今，网络世界已经进入体验经济时代，其特点是满足客户多样化的需求，为用户带来更大的虚拟体验价值。多年来，体验经济思维在商业中的应用主要集中在三大领域，即体验式营销、体验式运营指导和日常活动管理。此外，就是在线体验，即以互联网为平台，创造一种新的虚拟体验形式。[①]

此外，随着时间的推移、互联网技术的不断发展，互联网文化产业的企业也能够从其他新兴的商业模式中获益。比如网络直播模式的兴起，让演唱会、讲座、化妆品直播等都已成为文化产业传播的渠道。很多大公司都邀请知名流量明星做品牌代言人，以拉动销量。网上商店也是如此，它们邀请明星站台，明星的粉丝会主动到商家购物来提高商家销量，换句话说，即借助微店和粉丝的结合来进一步提升自身的收益。[②] 许多网上商店还借助人工智能技术和大数据分析技术来改善用户体验，提升营销效果。

知识产权和产业链发展缓慢，众包、股权投资等新型文化金融模式初具规模。未来，科技的进步将推动线上线下营销模式的发展与变革，企业需要不断探索和创新，才能在竞争激烈的市场中立于不败之地。[③]

互联网文化产业对经济和社会的影响是巨大的。它为消费者提供了更多的娱乐选择和便利，并为企业提供了新的商机。商业模式的优点包括增加营收，扩大市场规模，提高用户体验、成本效益，增强灵活性、创新性和全球性；缺点在于内容安全问题、商业模式不稳定、竞争激烈、付费困难、内容质量差等。同时，它

---

① 李文明，吕福玉.虚拟文化体验与真实体验文化——基于体验经济的网络文化产业发展路径[J].北京航空航天大学学报（社会科学版），2012,25(05)：81-85.

② 刘媛媛.互联网文化产业商业模式创新路径探究[J].传媒论坛，2019,2(04)：169-170.

③ 同上。

也对传统文化产业产生了巨大的冲击，并引发了许多关于版权保护、隐私保护等方面的问题。因此，互联网文化产业的商业模式发展需要在合理的法律框架下进行，以保护消费者的权益和企业的利益。此外，还需要加强行业内的自律和监管，以确保互联网文化产业的健康发展。

四、网络文化产业商业模式案例分析：手游《江南百景图》

（一）承载传统文化

近年来，优秀的国风文化正以不可阻挡的态势融入游戏市场。2019年腾讯研究院发布的《国风重光、国风游戏发展研究报告——中国传统文化在游戏领域的转化与创新》称，国风游戏市场已超300亿元，累计2 300多款游戏作品，用户超过3亿人，是中国游戏市场不可忽视的一部分。[1]

《江南百景图》将古典的美学风格与慢生活融合在一起，塑造出极具特色的游戏节奏和玩法。以明朝万历四十四年的江南为背景，玩家在游戏中建造自己的水乡桃源，享受晴耕雨读的闲暇时光。融入了以沈周、唐寅等人为代表的吴门画派的作品，场景取自《清明上河图》《独乐园图卷》《货郎图》《南都繁会图》等古画。游戏主要任务之一是复原报恩寺琉璃塔、苏州留园的建造过程，玩家通过双手"重建"古代精华建筑，使用户的成就感和满足感充盈在心中，激发起对中国传统文化的赞叹与热爱。游戏引领着玩家回到古人的"慢生活"中，在润物细无声的小欢喜中，享受精神生活的愉悦。以"慢美学""碎片化"的游戏模式对抗"快节奏""功利化"的生活。[2]

（二）考究真实历史和生活

据悉，《江南百景图》游戏研发组为了复原出真实且灵动的明代江南市井生活，还仔细考察了真实的历史资料及古画，因此游戏里有很多场景还原了古代名画中的城市，有取自明代《货郎图》里的杂货摊商贩，儿童医院来自仇英版《清明上河图》，虹桥出自张择端版《清明上河图》。游戏的声音设计也充满了古镇意境，琵琶声玉珠走盘，笛声悠扬清脆，在集市上会听到居民买卖吆喝的嘈杂声，书

---

① 宣晶，罗颖.新审美新玩法新业态，国风游戏实现全面跃迁[N].文汇报，2020-08-25.
② 胡启伟.优秀传统文化和创新美术设计之浅见[J].丝网印刷，2022(05)：16-18.

院里有孩童嬉闹的笑声,收租时有钱币叮当响,路过池塘时蛙声一片。这些细节,让玩家真正地从视听体验上身临其境、梦回江南。

(三) 避免单一化的广告投放方式

为了将不同的内容素材自然地融入微博的原生内容种草环境中,《江南百景图》进行了丰富的"超粉广告样式"尝试,覆盖了用户主信息流、热门流、博文正文页、评论流、发现页热点流等社交内容浏览的全路径。除了原生的图文博文和视频博文之外,还选择投放了图片、视频大 Card 样式以及竖版视频样式,生动形象地展现出了游戏中历史人物角色的多元精良,普通小人的质朴灵动、憨态可掬,工笔描绘下优美如画、古色古香的市井建筑,玩家在"上帝视角"下有着丰富自由的操作玩法。

如诗如画的文案,将如梦如幻的画面展现在用户眼前。《江南百景图》在超粉广告博文的文案设计上也尽显江南婉约的美学特色,有的通过古诗词引入,奠定风格基调;有的则以排比句尽显文字的韵律感,将游戏的闲适稚拙的二维画风、百废待兴的背景故事以及建造和抽卡的玩法娓娓道来。

(四) 线上线下相结合,充分开发 IP

在 2020 年 7 月 17 日游戏上线满一个月之际,《江南百景图》通过微博"话题＋搜索词"的品牌产品组合,向广大网友发起同人绘画征集大赛。

2021 年 6 月,《江南百景图》与上海豫园合作,开启了首届沉浸式夏日江南市集"豫里江南·百景游园"。这场线下活动在豫园商城内高度还原了手游内的游戏场景,为市民游客打造了"IP＋实景游戏"的新体验。现场通过投壶、套圈、猜字等传统游戏以及糖画、纸扇等传统工艺商品,在宣传游戏的同时实现了 IP 变现。

而随着线下经济的复苏,2023 年春节期间,《江南百景图》在全国 3 600 多家 Apple 授权线下门店开展"万家灯火照团圆"活动。以吴门画派典型的中式雅致风格来布置门店内民俗体验专区。消费者可以在体验专区互动,了解兔年春节及元宵节等开年一系列民俗节日的特色,也可以体验民宿物件组装,将游戏作品中古建筑与古物件的建造形式带入现实。

《江南百景图》的这一系列努力,使得手游热度持续时间较长,相关话题热度不断升高。游戏推出不到 3 个月就达成了日均流水 112 万、日均下载量 11 万。

且通过线下联动、打卡的模式，打造了完整的 IP 产业链，推出了手工艺品、人物相关模型、美食等多类型的周边 IP 产品，实现了线下商业变现。

总体而言，《江南百景图》是一个值得学习的网络文化商业运作案例。

五、网络文化产业商业模式面临的挑战

虽然互联网为文化产业带来了上述新变化，蕴含着多种发展机遇，为文化产业开辟了新的发展空间，但我们也应当看到，互联网也给文化产业带来了不可忽略的挑战。认识到面对这些挑战，是网络文化产业持续发展的必要前提。

第一个挑战是互联网无边界，企业一定要做到规模才能生存。互联网要有规模才能盈利，只有相关领域的龙头才能长久生存；否则，企业的市值很小，随时可能被其他同质化企业赶超。互联网文化企业的价值取决于其市场规模。能否在瞬息万变的互联网上长期吸引用户或占据市场，是一个非常大的挑战。[①]

第二个挑战是互联网带来的同质化竞争。鉴于互联网进入门槛低，跟风严重，同质化竞争是互联网的顽疾。这无疑加剧了互联网竞争环境恶化。因此，互联网文化企业要想获得成功，就一定要思考如何在互联网的同质化竞争中脱颖而出，依靠优质的文化产品占据核心竞争力。[②]

第三个挑战是互联网对传统文化产业的巨大冲击。报纸、杂志等传统文化媒体已然成为小众媒体，广告等此前占比较大的收入将继续下滑；文化和非物质文化遗产的保护和发展将面临更大的市场压力，传统文化难以在市场中占据优势；实体店和大部分展会的经营都会遇到危机，无论是礼品、工艺品、书籍、古董还是珠宝，其实体店都会受到电子商务的冲击，传统的展览模式也会受到互联网的冲击。[③]

第四个挑战是传统文化产业向互联网转型难度很大。传统文化企业需要大量投资，借助投资或并购拓展新业务，才能转型。此外，互联网转型存在两大风险：一是技术风险，二是文化创意风险。这两种风险的叠加使得转型互联网文化产业面临难度较高的挑战。所以，能在互联网上取得成功的，一般都是大公

---

① 陈少峰，侯杰耀. 互联网文化产业的商业模式创新[C]//厦门理工学院，台北教育大学.两岸创意经济研究报告（2016）.社会科学文献出版社［Social Sciences Academic Press（China）］·皮书出版分社，2016：209-219.

② 同上。

③ 同上。

司。只有少数成功的公司才能在高风险下赢得高回报。大多数进入互联网领域的公司都以失败告终。这是转型企业一定要面对的挑战。

第五个挑战是网民年轻化和需求波动带来的压力。在互联网上,用户多为年轻人,他们的文化品位变化很快,每一种文化形式都可能只流行一段时间,这使得互联网文化公司应当需要不断把握用户的最新需求,调整自己的业务范围。① 一旦企业调整速度太慢,就会被市场抛弃。此外,还需要相应的产业集聚能力。因此,互联网对企业的要求不再是传统的"跑得快","跑得快"只是意味着行业推进快,但互联网还要求行业覆盖面广,即要做到"规模化"。②

第六个挑战是互联网无边界给文化产业带来的跨界需求。在互联网上销售文化产品应当需要综合知识,如设计感、品牌、传播、营销等,可能应当需要跨越多个行业领域,仅限于单一产品的销售在互联网上是行不通的。这就要求互联网文化企业一定要了解多领域的经营情况,具备整合多领域资源的能力。与预想不同的是,满足这样的要求并不容易,特别是将多个产业领域整合到互联网的战略布局中,这需要一个正确高效的产业发展战略,难度很大。③

六、网络文化产业商业模式发展趋势

互联网文化产业是一个快速发展的领域。随着时间的推移互联网技术的不断进步,互联网文化产业在不断发展,互联网文化产业的商业模式也在不断变化。

(一) 技术驱动变革

当前的互联网技术已经能够做到移动化、跨平台的交互传输,为互联网文化产业带来了从创意到发展的更加完整的产业链。"电子商务＋运营平台＋运维服务＋娱乐内容＋周边产品"已经成为当前互联网文化产业发展的主要营销方

---

① 陈少峰,侯杰耀.互联网文化产业的挑战与对策[J].北京联合大学学报(人文社会科学版),2016,14(02):8-12+61.

② 陈少峰,侯杰耀.互联网文化产业的商业模式创新[C]//厦门理工学院,台北教育大学.两岸创意经济研究报告(2016).社会科学文献出版社[Social Sciences Academic Press(China)]·皮书出版分社,2016:209-219.

③ 陈少峰,侯杰耀.互联网文化产业的挑战与对策[J].北京联合大学学报(人文社会科学版),2016,14(02):8-12+61.

式。这种商业营销模式能够有效整合各种资源，吸引文化相关产业垂直联合发展，逐步形成产业发展链条。借助互联网联合经营，能够迅速扩大文化产业规模，吸引大量客户，发展成为产业联盟集团。

目前，互联网技术使信息通信在移动终端上得到快速发展，移动网络终端已成为网络经济收入的主要来源。移动网络终端以其全民参与、自由便携的特点，已然成为新闻、视频、App 创意创新的焦点。网络文化创意为网络文化产业的开发和营销带来了更多的灵感和新的发展模式。以电影宣传为例，传统的电影宣传大多通过平面刊物进行宣传，如报纸广告、户外海报、新闻发布会等，在互联网时代，这些广告宣传链接能够随时借助互联网触达电影爱好者。电影新闻和宣传内容，借助 App 方便快捷的在线购票功能，进一步降低了电影宣传成本，这种快餐式的营销方式非常符合新时代人们的消费理念。[①]

（二）版权决定优先权

在当前的互联网文化产业中，网络视频和手机游戏得到了很好的发展。网络文化产品的内容不是独立的，大部分会因互联网而互通。例如，将当前火热的网络文学制作成动画、游戏或影视作品，这使得互联网文化产业更加注重产品的版权意识。谁拥有了版权，就意味着谁掌握了一连串产品生产内容链，能够根据核心内容衍生出多种产业，在原有的基础上更进一步提高产业效益。[②]

（三）更加注重用户体验

随着时间的推移、互联网文化产业的不断壮大，用户对内容质量和用户体验的要求也在不断提高。因此，未来的网络文化产业将更加注重用户体验，借助更个性化、更优质的内容来吸引用户。

例如，网易云音乐打造的云村音乐社区，就是在大数据分析的技术支持下，通过对用户的个性化分析来提供音乐推荐或是寻找音乐品位一致的用户。这种个性化服务使得网易云音乐对于每个人的使用感受都不一样，对于文化产业也做到了个性化诠释，这就使得网易云音乐的用户黏度很高，为了获取个性化的长期推荐和云村社区服务，用户就会倾向于充值会员。

---

① 吴春华.网络文化产业发展趋势研判[J].人民论坛,2018(29)：130－131.
② 同上.

（四）线上线下打通

一部成功的电影，不仅仅包含电影票收入，还会借助线上线下的销售，开发有所关联的周边产品，如海报、公仔、歌曲、游戏等，使电影的单一产品多元化，利益最大化。这种文化创意产业的兴起加速了互联网文化产业的联合重组，规模较大的互联网文化公司的不断涌现，带动了更多的社会资金进入网络游戏、动漫、直播等新兴产业，使得新的互联网文化成为大众消费的热点。产业向多维融合发展，资源配置更加合理，文化产业竞争不断加剧。①

结合线上线下业务，借助大数据推动互联网文化产业不断创新商业模式。互联网文化产业从创意、产品推广到消费者支付的全过程，体现了线上线下的循环。文化产品线上推广销售，客户体验线上线下消费，最终达成产品交易的成功。线下用户将产品体验结果反馈到线上平台，有助于推广文化产品，吸引更多客户，开发和推销产品。互联网时代大数据的应用，对互联网文化产业的发展给予了诸多便利。借助数据挖掘，在原有的基础上更进一步增加了互联网文化产品和服务推广模式的种类。同时，可结合客户需求，有针对性地开发文化产品。网络大数据技术能够帮助网络文化企业从预测文化产品的市场需求，借助大数据帮助企业完成产品开发和服务导向，使网络文化产品更适应新时代的创新发展。②

（五）资源整合与信息集中

网络文化产业的发展旨在促进信息资源的开发利用。网络文化产业的信息内容可分为传统内容和当代内容。所谓传统信息内容，是指尚未数字化，在线下开发、传递和借助的信息产品或服务。所谓当代信息内容，是指数字化在线、网络化的信息产品或服务。其中，一部分是由传统信息内容数字化生成的，另一部分是在互联网平台上直接生成的。这两部分信息内容的发送和接收处于交互状态。此类信息内容企业或产业通常涵盖当代信息技术及其支持信息内容生产和销售的服务机构。

当前，网络文化产业的发展亟须整合内容产业的资源。其中包括产业链整合，即内容生产与网络运营的整合；部门整合，即管理机构的重组；人才整合，即IT人才与营销人才的整合；文化内容融合，即强调内容产业的文化特色。此外，还

---

①　吴春华.网络文化产业发展趋势研判[J].人民论坛，2018(29)：130-131.

②　同上。

应涉及资本整合和市场整合。这些都需要新成立的国家互联网信息办公室认真履行职责,推动涵盖互联网文化产业在内的整个互联网行业的大发展大繁荣。[①]

（六）创新是成功的关键

事实上,互联网文化产业的创新不仅仅体现在技术上,更重要的是体现在创意上。创意能够体现在任何产品上,但在精神文化产品上体现得最为充分。因此,创意经济应该与创意文化产业直接联系起来,逐步形成所谓的新创意经济。"新创意经济是消费端创意与规模经济的结合,其中的创意首先体现在满足自我实现需求的精神文化产品上。"[②]这就需要构建创意产品的生产链。创意产品生产链是连接设计与销售的桥梁,处于创意产品价值链的中间层,也是创意要素转化为创意产品价值的具体体现。创意产品的生产不再只是依赖于传统有限的自然资源等硬资源,而是加入了更多的人类智慧、创意、灵感等创意思维元素,而且这种创意思维元素是无限的。

（七）进一步加强内容安全保护

随着网络文化产业的发展,内容安全问题逐渐受到重视。未来,互联网文化产业将加强对内容的安全保护,确保内容不被盗用或被恶意篡改。

毋庸置疑,目前我们国家网络文化产业存在一些比较突出的问题,特别是缺乏统一的规划和协调模式。此外,法律法规的缺失也在某种程度上阻碍了网络文化产业的发展。总之,互联网文化产业发展环境亟待改善。[③]

第三节　网络文化产业的生态发展

英国生态学家坦斯利将生态系统分为生命系统和环境系统两大部分,他认为生态系统中存在生产者、消费者、分解者以及非生物环境四个部分,它们相互关联、相互协作,构成整个生态系统并实现自我运行。而生态经济系统则是生态

---

① 李文明,吕福玉.网络经济边际效应与网络文化产业发展模式研究[J].现代财经(天津财经大学学报),2011,31(10)：5 - 15.

② 同上。

③ 同上。

系统在经济领域的运用。"生态系统和生态经济系统两者在结构组成方面客观上存在着一种最低维持的比例关系,被称为系统阈限——人们发展经济对生态系统进行投入和产出,所形成的干扰影响应在生态系统的阈限之内;同时,系统通过自身的调节功能可以保持自身的平衡稳定和向人们不断带来各种经济效益、社会效益和生态效益。"①

网络文化产业是指在互联网平台上的文化内容的生产、传播、消费以及相关产业活动的总和。近年来,随着互联网技术的飞速发展和普及,网络文化产业迅猛发展,成为当今世界文化产业中的一个重要组成部分。而网络文化产业生态是指网络文化产业中各个要素(如企业、技术、市场、消费者等)之间的相互关系和协同效应,是研究网络文化产业发展趋势和动态的重要参考。

一、网络文化产业生态的构成

网络文化产业生态主要包括:① 产业元素之间的相互作用和影响,如技术的进步影响市场需求、市场需求推动技术的提高;② 产业元素的协调发展,如企业之间的合作与竞争、消费者对产品和服务的需求和反馈;③ 网络文化产业的发展动力,如创新、创业、投资等。具体而言,网络文化产业生态由以下六个基本要素构成。

一是文化内容制作和传播。文化内容是网络文化产业的核心,其制作和传播是网络文化产业生态的基础。这包括文学、音乐、电影、游戏等多个领域的内容制作和社交媒体、视频网站、电子商务等多种传播渠道。在网络文化产业中,文化内容制作者可以通过互联网平台进行内容制作和发布,从而把内容传递给全球范围内的消费者,并通过网络渠道获得报酬。文化内容制作和传播的质量和效率直接影响着网络文化产业的发展。

二是技术平台。技术平台是网络文化产业生态的基础设施,它为文化内容制作和传播提供了环境和工具,并为用户提供了便捷的内容获取和消费的途径。技术平台可以是互联网公司提供的网站、应用程序或社交媒体,也可以是专门针对文化内容制作和消费的平台。技术平台通常拥有较强的技术实力和营销能力,能够有效地推广文化内容,吸引更多的用户。技术平台还提供了数据分析、

---

① 刘润楠.生态系统视角下网络文化产业的公共治理[J].山东商业职业技术学院学报,2022,22(01):95-100.

推荐系统等技术支持，有助于提高文化内容的曝光度和消费效率，通过用户画像，更好地了解用户需求，并进一步提高文化内容的质量。例如，社交媒体平台为内容制作者与用户提供了互动空间；视频网站则提供了海量的视频内容；电子商务平台则提供了方便的内容购买途径。

三是资本和投资。资本和投资是网络文化产业生态的重要动力，对于文化内容的制作、传播、消费以及产业的发展起着至关重要的作用。在网络文化产业中，资本和投资可以为文化内容制作者提供资金和技术支持，同时也可以推动技术平台的升级和拓展。

四是消费者。消费者是网络文化产业生态中最重要的环节，是文化内容制作和传播的最终接收者。消费者的需求、偏好和行为决定了其内容的消费需求和偏好，并会对内容制作和传播产生重要的影响，是网络文化产业生态中的重要驱动力。同时，消费者也可以通过互联网平台发表评论、反馈意见等方式参与对文化内容的评价和改进。

五是市场环境与文化政策。市场环境决定了内容制作者和消费者的需求，以及传播媒介的发展趋势。文化政策则规定了内容制作和传播的范围和方式，并对网络文化产业生态产生直接或间接的影响。政府在制定文化政策时，要考虑到网络文化产业的发展需求，积极推动网络文化产业的发展。政府可以通过各种手段，如税收优惠、投资支持等，来促进网络文化产业的发展。[1]

六是监管机构。监管机构是网络文化产业生态的重要环节，负责对网络文化产业的法律法规、标准等方面进行监管。监管机构的作用是保障网络文化产业的健康发展，保障文化内容的合法性和正确性，保护消费者的合法权益，防止不合法的文化内容和行为对社会产生不良影响。

总的来说，网络文化产业生态的构成是复杂的，各个环节相互关联、相互作用，共同构成了网络文化产业的生态体系。网络文化产业的健康发展需要各个环节协调配合，以保障网络文化产业的健康发展。

二、网络文化产业生态的特征

网络文化产业生态与网络技术的高速发展、网络平台的平等开放、文化产业

---

[1] 徐翔.发挥首都网络优势 促进北京文化发展[J].北京社会科学,2011(06)：14-18.

的繁荣密切相关。网络文化产业生态具有以下特征。

（一）数字化

网络文化产业充分利用数字技术,实现内容的数字化存储、传输和使用。

从生产者的角度来看,网络文化产业生态以数字内容为核心,包括文字、图片、视频、音频等多种形式的内容。如今,互联网以数字的形式存在,依托互联网诞生的网络文化产业将高速发展的数字化技术作为其内在逻辑。网络文化生产者制作的文化产品,如网络文学、网络影视剧,皆是以数字的形式存储在网络平台,并实现传播。5G网络、量子科技、算法创新、区块链等数字技术的应用,加之超级社交媒体平台的传播能力,为网络文化产业生态数字化发展提供了强大的内生动力。而数字营销、数字经济则极大地变革了产业内容的推广方式,社交媒体营销、网络广告、付费订阅、数字商品营销等新型营销方式,给生产者带来了更多在数字平台通过网络文化产业获利,实现商业价值的可能。

对于技术平台而言,网络文化产业的传播依托流媒体技术的成熟,在5G技术、互联网技术的加持下,其数字传播速度、传播精度显著提高,使得整个网络文化产业拥有强劲的技术和平台基础。利用这些数字平台实现的内容创造、发布和传播更是带有鲜明的数字化特点。

从消费者的角度而言,人工智能、虚拟现实、增强现实等数字技术,大大提高了内容的质量和体验,促使消费质量得到了质的提升。此外,大数据、算法技术能够为消费者进行精确画像,以此将消费者进行分类管理,使消费者获得更适合自身的产品推荐。

总而言之,作为网络文化产业生态中最为显著的特征,数字化贯穿于整个网络文化产业的始末,串联起生态系统中的各个环节,成为网络文化产业生态的基础和核心力量。

（二）社交化

网络文化产业生态中的各个元素都注重社交和互动,通过社交平台和社交媒介构建社区,促进用户之间的互动和交流。社交化是指网络文化产业生态中社交互动的形式和内容。

社交化是网络文化产业生态中最突出的一种社交化特征。现代游戏不再是单纯的娱乐,而是一种社交体验。游戏中的多人模式和社交功能,使玩家可以与其他玩家建立虚拟的社交关系。玩家可以通过游戏中的聊天、组队、互动等功能来提升社交体验。此外，一些游戏还提供了社交媒体的功能，让玩家可以在游戏中分享自己的游戏体验，从而扩大社交圈子。

此外，社交媒体的发展也是网络文化产业生态中的社交化特征的表现之一。社交媒体如今已经成为人们日常生活中不可或缺的一部分，它为人们提供了一个交流和分享的平台。许多影视、音乐、文学作品都可以通过社交媒体进行推广和宣传。同时，社交媒体也为用户提供了一个自由表达和交流的平台，用户可以通过社交媒体与其他人分享自己的看法，建立虚拟社交关系。

而直播平台作为网络文化产业生态中的一个重要的部分，充分体现了社交化属性。直播平台的出现使用户可以通过实时互动来体验网络文化产品，例如电竞比赛、音乐演唱会等。直播平台也为用户提供了一个交流和互动的平台，用户可以在直播间中与主播和其他观众进行互动，分享自己的看法和想法。

这些特征的存在，既满足了人们的社交需求，也促进了网络文化产业的发展，为生态系统的健康发展提供了重要保障。

（三）多样化

多样化是指网络文化产业生态中多种文化形式和类型并存与交织，这种并存和交织对网络文化产业的发展和生态系统的构建都产生了重要的影响。多样化是网络文化生态的基础，因为它保证了网络文化的多元化和丰富性。在虚拟社会中，互联网为人们提供了广阔的平台，使人们能够充分发挥文化创造的主观能动性，促成了丰富、健康、和谐的网络文化的形成。网络文化不仅包括大众传媒的网站文化、言论活跃的论坛文化、群体体验的游戏文化、网络电商的消费文化、社交文化等跨越时空的多样文化，还包括各种网络文化产品带来的文化引导、隐形价值观念、行为约束标准等。只有拥有多样的文化内容和丰富的表现形式，才能满足网络主体的多元化需求，有序推进网络文化生态的优化发展。①

随着数字技术的快速发展，网络文化产业中涌现出了多种新型文化形式，例如虚拟现实、增强现实、云游戏等。这些新型文化形式的出现，使得网络文化产业获得了更多的发展机会和发展方向。同时，网络文化产业中也包含多种传统

---

① 黄意武.网络文化生态的特征及其建设路径探究［J］.重庆邮电大学学报（社会科学版），2014，26（05）：1-4.

文化形式,例如古典文学、传统音乐等,这些传统文化形式与新型网络文化形式相辅相成,为网络文化产业增添了独特的色彩。而网络文化产业中的文化形式包括电影、电视剧、动漫、游戏、音乐等多种类型。

这些不同文化形式和类型之间的相互融合和交织,促使网络文化产业生态更为多样、独特。例如众多以影视剧作为背景的游戏,也有一些游戏中的原声音乐成为独立的音乐作品等。这种文化形式和类型之间的相互融合和交织,促进了网络文化产业的创新和发展。

(四)全球化

网络文化产业是以互联网技术为基础的文化产业,是在全球范围内的数字文化创意产业和文化创意产业的有机结合。其全球化特征之一是促进文化交流和融合。在全球互联网的背景下,文化交流变得更加容易和便捷,通过互联网,世界各地的人们分享不同文化的艺术、音乐、电影、游戏,从而促进了文化之间的交流和融合。在这个过程中,不同文化的精华互相融合,形成了新的文化形态和艺术风格,使全球文化更加多样化和繁荣。

作为网络文化产业生态中的重要元素,消费者和市场全球化亦是网络文化产业的全球化特征的代表。随着全球互联网的普及和发展,消费者不再受限于地域和时空,通过互联网平台,文化产品的生产和销售也不再局限于某个特定的地区。这使得全球范围内的文化产品市场变得更加开放和透明,促进了跨国文化产品的流通。

在全球互联网的背景下,网络文化产业已经呈现出很强的竞争性。由于各个国家的文化产品、文化创意产业、文化产业政策等方面的差异,都会给全球范围内的网络文化产业带来不同的影响。在这种情况下,文化产业的国际竞争日益激烈。当然,也应看到如今不同国家和地区的文化产业正在进行合作,共同开发、生产文化产品,并在全球范围内进行推广。

数字技术、跨国公司、商业驱动和多元文化逐渐融合,共同形成了当今网络文化产业生态的全球化特征。

(五)开放性

网络文化产业具有开放性,欢迎各种创意的参与,同时也为用户提供了更多的选择和机会。网络文化产业生态的前提在于其开放性。网络文化产业生态的环境从自发到有序的过程是开放的，而不是闭塞的、静止的。互联网是文化信息承载和传播的重要媒介，其开放性和公共性将人类的交流和交往推至新的高度。基于互联网平台创造和传播的文化信息，具备开放性特征，呈现出和谐发展的状态。

网络文化产业允许任何人通过网络进行内容创作和发布，这使得网络文化产业生态具有高度开放性和民主性。网络文学是网络文化产业中最早兴起的领域之一，它的出现不仅为文学创作提供了新的载体，而且降低了文学创作的门槛，让更多人能够参与到文学创作中来。网络音乐、网络游戏、网络动漫、网络电影等领域也同样具有高度的开放性，任何人都可以在网络平台上发布自己的作品，与其他创作者进行交流和互动。

此外，网络文化产业倡导知识共享、资源共享，充分利用网络技术，通过共同协作，创造更多的价值。这种开放性能够使生产者平等地分享各种资源，从而更好地满足不同消费者的需求。例如，在网络游戏中，玩家之间可以分享游戏的经验和技巧，而游戏开发商也能够根据玩家的反馈和建议进行改进和优化。在网络文化产业中，资源共享的开放性不仅有利于个体创作的发展，更能够推动整个产业不断发展和壮大。

网络文化产业的各个环节之间的联系十分紧密，各个环节的参与者之间具有良好的合作关系。这种开放性能够使得整个产业链的协同效应更加明显，更好地实现产业价值的提升。这种合作关系能够带来更好的用户体验和更高的用户忠诚度，从而推动整个产业的发展。

网络文化的开放性使得人们可以平等地获得网络信息和资源，同时能够自由地发表自己的看法和情感，协调社会大众化和个性化文化需求的关系，促进人们思维深化和双向交流。这种开放性特征不仅改变了人们的生活方式，而且深刻地影响了人们的自由价值观念，为网络文化的演进和优化带来了新的可能。

三、网络文化产业生态危机与管理困境

网络文化产业生态是由多方因素共同构建的有机整体。在这个整体中，各个因素之间相互影响、相互作用，产生了内容、渠道、目标群体三者之间紧密联系的联动效应。然而，由于社会消费者对网络文化的非理性追捧、网络平台管理不力、网络行业的文化建设不足等因素的存在，构建健康和谐的网络文化生态受到了严重的制约，当前不完善的制度体系、低效不科学的机制也使得网络文化产业

的管理陷入僵局,产业的健康快速发展面临困境。①

(一) 网络文化产业生态危机

1. 网络群体的非理性消费

互联网在现代社会中扮演着重要的角色,给人们的生活带来了诸多便利和资源,而非理性消费行为对网络文化生态构成了严重威胁。其中,网络群体的非理性消费表现在两个方面:一方面,网络群体的非理性消费导致非主流群体文化的形成,成为社会矛盾不断被放大的助推力量,而缺乏正确的舆论引导,容易形成不同性质的群体文化,影响人们对社会矛盾的正确认识;另一方面,网络群体把互联网络视为非理性宣泄的平台,过度依赖网络,通过网络来看社会现实时,往往会被扭曲膨胀的假象所误导和迷惑,情绪化地表达对社会问题的意见和看法,从而引起更大的误会和冲突。因此,一些人把互联网看作非理性消费的载体,也就意味着在虚拟社会中不断放任自身的消费行为,映射出他们在现实生活中存在的浮躁心态。② 网络群体的非理性消费问题已经严重影响到网络文化生态的健康发展。

究其原因,首先是群体效应问题。群体效应是指人们在群体中采取某种行动时,因为他人的行动而产生的一种心理现象。网络上的群体效应主要表现在社交媒体和电商平台上,当某件商品在社交媒体上被大量分享或者在电商平台上被大量购买时,消费者也会跟风购买。其次,网络文化产业中存在大量的虚假宣传和炒作现象,很多网络文化产品宣传的效果远远超过了其实际的价值,如有的商家通过微信、QQ等社交工具与消费者互动,从而增强消费者的黏性。这些手段往往会影响消费者的购买行为,让他们产生不必要的消费欲望,做出非理性的消费决策。有些消费者存在虚荣心理,他们希望在网络上展示自己的品位和消费能力,因此在网络上会购买一些高端的、热门的商品,即使这些商品并不能满足自己的实际需求。值得注意的是,网络文化产业相对于传统文化产业来说,还相对年轻和薄弱。最后是行业缺乏规范,相关法律规范也不够完善,导致一些不良商家存在于市场上,这些商家往往会打出各种花哨的广告招揽顾客,向顾客

---

①　刘润楠.生态系统视角下网络文化产业的公共治理[J].山东商业职业技术学院学报,2022,22(01):95-100.

②　黄意武.网络文化生态的特征及其建设路径探究[J].重庆邮电大学学报(社会科学版),2014,26(05):1-4.

推销低质量、无内容的网络文化产品。

非理性消费会导致社会资源浪费，如生产、物流、包装等环节都需要消耗大量的资源和能源，甚至会对环境造成负面影响。而虚荣攀比、盲目跟风，更是忽略实用性和质量的表现，会对社会的价值观和风气产生负面影响。

2. 生态结构失衡导致的落差

在生态系统理论中，多样性和结构的多元化是系统平衡的基础。一旦失去这种平衡的基础，能量将会集中到某一方，其他部分的能量将变少或消失，正常的循环过程就会受阻。[①] 在网络文化产业发展的过程中，大量低水平重复建设的网络数据库，使得产业结构点吸收能量失衡。同时，在信息落差强烈的马太效应下，不同主体对网络信息、网络技术的拥有程度、应用程度以及创新能力的差别越来越大，产业链呈现出"跷跷板"状态，产业生态逐渐失衡。这种信息多而无用、产业链条广而不通的落差阻碍着网络文化产业各个业态的健康发展。[②] 在网络文化产业中，多个产业环节之间是相互联系、相互制约的，任何一个环节出现问题都可能影响到整个产业的健康发展。然而，由于竞争激烈、信息落差大等因素，产业链上的主体之间往往缺乏有效的协作，缺少良性互动。"要推进一个系统的演化，应使乘强于补；要维持一个系统的稳定，应使补胜于乘。"[③]

首先，网络文化产业的产业结构失衡表现为单一化、重复化的现象突出。当前，网络文化产业主要包括网络游戏、网络视频、网络文学、网络音乐等。[④] 这些产业的产品形态、内容风格、技术实现方式等方面的异质性不足，同质化严重，缺乏特色和个性。这种单一化、重复化的产业结构不仅影响了企业竞争力的提升，也影响了消费者的选择，最终制约了网络文化产业的发展。

其次，网络文化产业的人才结构失衡表现为人才流失和人才短缺。网络文化产业需要各类人才，如编程、设计、运营、营销人才等。然而，当前网络文化产业人才流失严重，主要是因为行业竞争激烈、企业不重视对人才的培养和激励、待遇不高等原因导致。同时，网络文化产业也存在人才短缺的现象，特别是高端人才、复合型人才等方面的缺乏，制约了网络文化产业的技术创新和产品创新。

再次，网络文化产业的资本结构失衡表现为"注重短期回报、忽视长期投

① 刘润楠.生态系统视角下网络文化产业的公共治理[J].山东商业职业技术学院学报，2022，22(01)：95－100.

② 同上。

③ 同上。

④ 刘广伟.论信息技术与网络文化产业的互动关系[J].经济研究导刊，2010(33)：177－180＋261.

资"。目前,网络文化产业的资本主要来源于风险投资、私募股权等,这些投资主要关注短期回报,忽视了对企业长期发展的支持。这种短视行为导致网络文化产业内部企业的竞争加剧,也限制了企业的长远发展。

最后,网络文化产业的政策支持也存在不足。网络文化产业的快速发展需要政策的支持和保障,特别是需要加大对于网络文化产业中的新技术、新模式、新业态的扶持力度。然而,当前的政策支持仍然存在不完善和不到位的问题,尤其是在知识产权保护、融资环境、国际合作等方面的支持上,需要政府进一步完善政策,加强对网络文化产业的支持。

总之,网络文化产业的生态结构失衡是一个较为复杂的问题,需要全社会的共同努力来解决。只有通过合作和共同努力,才能够构建一个健康、稳定和可持续发展的网络文化产业生态系统。

3. 产业生态安全受损与信誉危机

网络文化产业作为一个具有开放性的动态系统,其安全问题一直备受关注。然而,当前网络文化产业系统的操作系统并没有按照生态学的多样性和主导性原则进行设定,而是过于统一,即以相同的系统和软件或者同一操作思维来维持产业链的运行。这种做法存在潜在的危险因素,一旦操作系统被破解,整条产业链的防线都将失守。由于网络技术的高效性和系统内信息资源的高流动性,网络文化产业具有极强的外溢效应和体系效应。[1] 因此,任何技术安全危机的出现都将突破防线,扩展到整个系统空间。

网络文化产业系统是一个开放性的动态系统,任何人都可以在其中发布并获取信息。然而,进出网络和存取信息的方便性使网络信息量急剧膨胀,信息无下限地进入,并在低安全度的环境中发酵,必然滋生"细菌"。这些"细菌"隐藏在隐蔽式链接之后,侵蚀着系统信息安全与用户隐私安全的防护线。用户可能会在点击看似平常的网页后,出现淫秽、色情、赌博、暴力等不良信息,系统单一的"后门"使窥探用户隐私有迹可循。因此,产业安全系统的防线濒临失守,网络文化产业安全存在巨大威胁。[2]

网络文化产业依赖于技术的支撑,但技术安全隐患在很大程度上威胁着网络文化产业的稳定和发展。网络文化产品和服务的功能和性能不断升级,对技

---

[1]　刘润楠.生态系统视角下网络文化产业的公共治理[J].山东商业职业技术学院学报,2022,22(01): 95-100.

[2]　同上。

术实现的要求也日益提高，而技术水平的不断提升，也导致技术安全隐患的增加。此外，网络文化产品和服务中涉及大量的用户信息和知识产权，信息泄露和侵权问题也是产业生态安全的一大隐患。网络文化产品和服务的供应商需要更加重视保护用户数据隐私和知识产权，同时加强自身的安全管理和防范措施。

随着网络犯罪的不断升级，网络文化产业的安全问题也不断加剧。恶意软件和网络攻击等形式的网络犯罪严重威胁着网络文化产业的生态安全，损害了用户权益和企业形象，造成巨大经济损失。用户对于网络文化产业的信任度不断降低，企业的公信力受到损害，这对于企业的经营和发展构成了严重挑战。

"网络生态危机是指人们对网络的滥用，使网络生态失调，危及网络安全，严重影响网络运行，并表现为网络信息污染、网络安全危机、'符号化'进程加速、网络私人空间危机、文化多样性危机、信息资源分布失衡、技术保护措施失灵、网络文化帝国主义盛行等问题"。而"确立科学合理而系统的网络生态观念，实现网络生态的可持续发展，应是解决网络文化生态问题的理性选择"。[①]

（二）网络文化产业生态管理困境

网络文化产业的生态管理困境首先由于其复杂性。网络文化产业是庞大的产业集群，其生态系统包括内容生产、传播、分发和消费等各个环节。这些环节相互关联，相互影响，缺乏明确的边界。因此，要有效管理网络文化产业生态系统，需要解决多个子系统之间的协调问题。

网络文化产业生态管理困境还来自其产业链的不稳定性。在网络文化产业的发展过程中，创意不断涌现，新的产品和服务层出不穷。这意味着网络文化产业的生态系统是一个不断变化的系统。然而，由于具有不确定性的政策和法律环境，网络文化产业的创新可能会受到限制。此外，由于网络文化产业的盈利模式和商业模式仍在探索中，一些环节仍未产生收益，这也影响了网络文化产业生态系统的稳定性。

当下，网络文化产业的管理中，制度滞后，机制冗杂，导致管理失误和低效，限制了产业的发展繁荣。制度建构滞后于产业发展的脚步，使得管理决策滞后并导致管理失误；庞大的管制体系限制了产业的发展繁荣，而缺乏高效合作的问

---

　　① 刘润楠.生态系统视角下网络文化产业的公共治理[J].山东商业职业技术学院学报，2022，22(01)：95-100.

题屡见不鲜,同时,管理方式上侧重于"事后整治",未能形成完善的长效管理链,整体低效。

此外,网络文化产业还面临着管理标准不统一的问题。由于互联网的全球化特性,网络文化产业的发展突破了国界和地域的限制,因此,不同地区政府和机构对网络文化产业的管理标准和要求也存在巨大差异。例如,某些国家可能会严格审查和限制某些类型的内容和信息,而其他国家可能会更加开放和自由。这导致网络文化产业在不同地区发展和管理存在较大的不确定性差异。在全球化的背景下,网络文化产业如何在不同国家和地区平衡自由创作文化传承与不同政治体制和文化背景下的管理要求是一个具有挑战性的问题。

综上所述,网络文化产业的生态管理面临着多重困境,解决这些困境需要政府、企业和各方的共同努力,加强合作和协调,建立健全的制度和管理体系,促进产业可持续发展,促进文化创新和传承。

四、网络文化产业生态的公共治理探析

作为一种新的产业类型,网络文化产业生态的发展需要寻求解绑的方式。然而,这种解绑并不是要终止政府的管理,也不是盲目地赋予产业发展自由。在现实社会和虚拟社会的交互中,网络文化产业中存在着多元主体和动态开放的系统。因此,需要采用多元治理主体与公共治理模式并重的方式来进行公共治理,将科学有效的公共治理规范应用于网络文化产业的运行秩序维护中。[①] 政府需要将公共管理的理念和方法引入到对网络文化产业的管理中来。

(一) 提高网络文化创新意识

事物的动态发展是代替旧事物的根本前提。网络文化的健康、文明发展需要依靠网络主体对传统文化的继承和创新,即网络文化创新成为推动网络文化生态构建的动力源泉。

1. 强化人才培养,培养创新型人才

增强网络文化产业生态的创新意识,关键在于培养创新型人才。为此,可以

---

① 刘润楠.生态系统视角下网络文化产业的公共治理[J].山东商业职业技术学院学报,2022,22(01):95-100.

通过多种途径来加强人才培养。一方面,加大高校对网络文化产业人才的培养力度,通过建立相关专业、课程,举办创新性实践活动等方式来培养具备创新意识的人才;另一方面,也可以通过企业内部的培训机制,鼓励从业人员不断学习和掌握新的知识和技能,以适应快速变化的市场需求。

2. 鼓励创新思维,营造良好的创新文化

网络文化产业生态的创新离不开创新思维的支持,因此要鼓励从业人员树立创新思维,采取积极主动的态度面对问题和挑战。在企业内部,可以采取一系列措施来鼓励创新思维,如开展创新主题讨论、搭建创新平台、设立创新奖励等。同时,在企业文化建设中也要重视对创新文化的培育,让创新成为企业内部的价值观和行为准则。

3. 促进合作创新,跨界融合

网络文化产业生态的发展需要跨界融合,通过与其他领域的交流和合作,共同创造新的价值。因此,要鼓励企业和从业人员之间的合作创新,积极寻找合作伙伴,共同探索新的商业模式和技术应用。例如,可以通过与科技企业、文化机构等的合作,在数字化转型、文化创意开发、数字营销等领域开展合作创新。

通过增强社会主体的网络文化创新意识,可以激励人们以传统文化资源为灵感之源,不断创作出独特的网络文化作品,为网络文化发展注入新的元素。此外,通过动员全社会参与网络文化生态文明建设,不断融合传统文化产业和网络文化产业,构建两者间的协调共生关系,充分发挥人民群众在网络文化建设与发展中的重要作用,进而加强网络文化产业的专业化和规模化。通过对传统文化的全面创新,不断提高网络文化产品和服务质量,可以为网络文化生态的建设提供有力支撑。[①] 因此,网络文化生态的科学发展需要社会主体提供创新驱动的智力支持,解决其发展的关键问题,为建立以网络文化产业为主体、以市场经济为导向的发展体系做好准备。

（二）提高生态结构的平衡性

1. 加强区域合作

当前,网络文化产业主要集中在一线城市和发达地区,二、三线城市和欠发

---

① 黄意武.网络文化生态的特征及其建设路径探究[J].重庆邮电大学学报(社会科学版),2014,26(05)：1-4.

达地区的文化产业相对较弱。这种不均衡的产业分布导致资源和人才的不充分利用,限制了网络文化产业的发展。针对网络文化产业分布不均的问题,可以通过加强不同地区之间的合作,共同打造区域特色,提高网络文化产业的整体竞争力。此外,可以采取优惠政策鼓励网络文化企业在欠发达地区设立分支机构,促进产业分布均衡。

2. 发展新兴领域

在网络文化产业中,一些细分领域,如短视频、直播等已经进入成熟阶段,而一些领域,如虚拟现实、增强现实等仍处于起步阶段。这种产业发展阶段不平衡也限制了网络文化产业的全面发展。针对网络文化产业发展阶段不平衡的问题,可以重点发展一些新兴领域,如虚拟现实、增强现实等,加快这些领域的技术创新和产品研发,提高网络文化产业的技术含量和附加值,推动产业的全面发展。

3. 加强产业链协同

在网络文化产业中,一些产业链环节,如平台、创作者等更容易获得利润,而一些环节,如内容制作、版权保护等则相对较弱,这种内部结构不平衡导致网络文化产业的不可持续发展。针对网络文化产业内部结构不平衡的问题,可以加强产业链协同,促进各个环节的有机协作,加强产业链的完整性。此外,还可以采取措施促进内容创作和版权保护,提高这些环节的利润和加强对权益的保护,促进整个产业的健康发展。

4. 推进文化融合

网络文化产业作为文化产业的一种,与传统文化产业具有一定的关联性和相互作用性。因此,在加强网络文化产业生态结构的平衡性的过程中,应该积极推进文化融合,将传统文化和网络文化有机结合,形成新的文化产品和产业形态。

5. 加强政策支持和管理

加强网络文化产业生态结构的平衡性,需要政策支持和管理配合。政府可以通过出台优惠政策、完善产业标准、加强监管等手段,引导网络文化产业健康发展。此外,政府还可以加大对网络文化产业的扶持力度,鼓励更多的人才投身于网络文化产业,推动产业的发展。

同时,需要完善网络文化产业的管理体系,加强对网络文化产品的审查和监管,避免出现不良内容和不良影响,保证网络文化产业的健康发展。此外,还应该建立健全的知识产权保护体系，保护网络文化产品的知识产权和创意，保护创作者的合法权益，为网络文化产业的健康发展提供保障。

（三）多元主体共同治理

网络文化产业作为一种新兴产业，其发展是一个非常复杂和长期的过程。由于网络文化产业的特殊性质，只有通过多元主体共同治理的结构，才能更好地处理其公共治理的复杂问题。这种多元主体共同治理的结构要求各行动主体在彼此独立的同时相互配合，形成一个有序的多中心关系框架，最终实现共同合作。[①]

在网络文化产业的长效且复杂的链条中，有着各种不同类型的主体参与，如政府、企业、社会组织、个人等，每个主体在产业链条的不同环节中发挥着难以替代的作用。因此，单靠政府或企业的单一主体在监管和治理上承担沉重的工作是不现实的。相反，多元主体的共同治理是网络文化产业发展的重要保障，这样的治理结构不仅能够促进主体间的相互配合，也能够让网络文化产业的发展更加平衡和可持续。

由于多元主体共同治理的结构可以使网络文化产业生态结构更加平衡，因此，在网络文化产业的公共治理中，各行动主体都应积极参与其中。网络文化产业多元公共治理主体的共同合作尤为重要，这不仅是主体自身的自治要求，也是解决网络文化产业生态危机的有效之道。[②]

五、结语

网络文化产业是当今信息时代的产物，以其高速发展、开放性和多样性的特点，在现代社会中扮演着日益重要的角色。网络文化产业不仅涵盖了传统文化娱乐领域，还在新技术、新媒体、新产业等方面进行不断的探索，形成了一系列新兴的商业模式和生态发展。

在这个过程中，网络文化产业商业模式的不断创新和完善，成为网络文化产业健康发展的重要保障。在商业模式方面，网络文化产业通过各种形式的数字

---

① 刘润楠.生态系统视角下网络文化产业的公共治理[J].山东商业职业技术学院学报，2022，22(01)：95-100.
② 同上。

化创新、多元化创新等,实现了从传统文化到数字化文化的转变。同时,通过大数据分析、用户画像等手段,网络文化产业也能够更加准确地预测市场趋势和用户需求,提高商业效益。而在生态发展方面,网络文化产业需要更加注重可持续性,采取绿色、环保的方式开发资源,提高资源的利用效率,降低生产成本。

网络文化产业的商业模式和生态发展是相互依存、相互促进的,这两者的平衡发展对于网络文化产业的可持续性发展至关重要。实现网络文化产业的商业模式和生态发展的平衡,不仅需要政府的制度保障和监管,更需要各个主体之间的协作和合作。各行动主体在网络文化产业的生态系统中,应积极参与并发挥其应有的作用,形成多元主体共同治理的结构,让网络文化产业发展更加平衡和可持续。

在未来,网络文化产业将继续面临各种挑战和机遇,面临如何应对市场竞争、维护版权和隐私保护等问题。因此,网络文化产业的商业模式和生态发展必须与时俱进,不断创新、优化和完善,以适应社会、市场和技术的不断变化,促进网络文化产业的可持续发展。

总之,网络文化产业商业模式和生态发展是网络文化产业发展的两个重要方面,必须互相促进、互相支持、互相平衡,才能让网络文化产业更好地服务于人民,为社会的发展做出更大的贡献。

第五章

网络文化产业发展的测量指标和评估体系

随着第四次工业革命的到来,世界迅速进入智能化时代,网络应用开始遍布各地,网络文化产业作为一个新兴产业应运而生。它以互联网为技术基础和主要传播途径,表现为传统文化和互联网文化相融合的形式。目前,网络文化产业涵盖的内容十分丰富,其发展呈现出指数性扩张的趋势,而网络文化产业的极速发展也顺应了信息技术发展的大潮流,逐渐成为国家文化传播的主要途径和新的经济增长点,因此,各个国家对网络文化产业发展的关注度也日益攀升。事实上,网络文化是国家文化的重要组成部分,对提高国家软实力有着十分重要的作用,对此,建立网络文化产业发展综合评估的指标体系,对于网络文化产业发展的战略形态、国家网络文化产业战略治理形态以及国家网络文化产业管理工作都有着很重要的创新意义。

鉴于此,本章对网络文化产业发展的测量指标和评估体系展开系统研究,从网络文化产业发展指标体系的研究现状出发,阐明构建网络文化产业发展指标体系的意义、原则和思路;在此基础上,尝试构建符合当下网络文化产业实际发展特征的综合评估指标体系,运用实证研究方法,计算出当下网络文化产业的发展指数;最后,通过指数结果判断造成当下部分产业发展迟缓的原因,厘清本质并结合理论基础寻求政策建议,希望促进未来网络文化产业的发展,并为国家形成具有中国特色的指标体系做出贡献。

第一节 网络文化产业发展指标体系的
研究现状和构建意义

一、关键概念

构建网络文化产业发展综合评估的指标体系,首先要确定"网络文化产业"的具体内涵。网络文化产业是以互联网为支撑,以数字化为核心,专业从事文化内容生产、流通和提供网络文化内容服务活动的产业集合。[①] 从具体外延来看,网络文化产业包含两个方面:一是基于互联网(包括移动互联网)形成的原生态网络文化产业,如门户网站、网络新闻业、搜索引擎、网络游戏产业、即时通信、SNS社交网络、博客、微博和微信等,也包括电子商务这一传递特殊信息(商品信息)的行业;二是传统文化产品在互联网上传播形成的产业现象,如网络电视、网络电影、网络音乐、网络报纸、网络教育和网络数据库等。[②] 从概念定义本身来看,网络文化产业与文化产业、内容产业和信息产业均存在着关联性,因此,网络文化产业发展水平的衡量指标也要以文化产业、内容产业和信息产业为基础,从而构建出全面、系统、综合且具有代表性的网络文化产业发展的指标体系。

所谓综合评估指标体系,是指由若干个可以反映社会经济现象的总体数量特征的统计指标组成的一个有机整体,这些统计指标既相对独立又相互联系。[③] 在进行统计研究的过程中,如果想要对总体全貌进行较为准确的说明,那么只使用单个指标是远远不够的,因为单个指标只能反映测量对象某一方面的数量特征,而要想反映出总体特征的各个方面就需要同时使用多个相关指标,将这些相关又独立的指标构成一个有机整体——综合评估指标体系,该体系能够有效地帮助我们说明总体全貌。建立指标体系,是综合评价某个事物的一个核心和关键环节,而指标体系涵盖的内容是否全面,层次结构是否清晰合理,对评估质量

---

① 臧志彭.中国网络文化产业发展指数构建与动态演化实证分析[J].统计与决策,2015(01):103-106.

② 闻洪涛.试论我国网络文化产业自主创新带动战略的构建[J].新闻大学,2016(03):80-86+150.

③ 郑志明.南宁市中学亲子体育活动评价指标体系的构建研究[D].南宁:南宁师范大学,2020.

的好坏也有着直接联系。由于网络文化产业发展是由多重影响因素所共同决定的，因此，对网络文化产业发展水平的测量，也需要从不同维度出发，建立起一个完善的、层次结构清晰合理的综合评估指标体系。

二、文献综述

（一）国内外研究现状

从既有研究来看，学界已广泛关注到网络文化产业发展的议题，学者们主要从技术、内容、制度、创新、地理和生态治理等角度出发，探究网络文化产业发展的趋势、现状、发展机理、规律、策略、影响因素和管理体制等，形成了丰富的学术研究脉络，足见学者对网络文化产业发展研究投入的热情，但鲜有学者针对网络文化产业发展构建综合评估指标体系。对此，臧志彭依据《中国互联网络发展状况统计报告》和《中国互联网市场年度总结报告》，以产业基础、产业规模及产业吸引力为基础，构建网络文化产业发展指标体系，通过实证研究发现，我国网络文化产业发展指数总体上呈直线式发展。[①] 臧志彭和解学芳从技术创新的角度出发，构建了以基础创新、要素创新、应用创新、知识产权创新为有机统一体的网络文化产业技术创新指标体系，深入探究中国网络文化产业技术的创新发展与动态演化过程。[②] 从整体来看，国内针对网络文化产业及其发展所构建的指标体系研究较少，但是考虑到"网络文化产业"这一概念具有模糊性、抽象性和宏大性，在具体的表述中与"文化产业""互联网""数字经济""信息内容产业"等概念存在交集，因而网络文化产业发展指标体系的构建，同样可以在上述产业发展指标中获取启示。因此，本节对既有的文化产业发展指标体系、互联网发展指标体系、数字经济指标体系和信息内容产业指标体系进行综述。

从文化产业发展指标体系研究来看，胡惠林和王婧基于文化经济学、文化产业学和文化政策学理论，从与文化产业发展相关的微观、中观和宏观影响因素出发，构建中国文化产业发展指数（CCIDI）指标体系，最终形成 16 个一级指标、52个二级指标和 91 个三级指标的综合评估体系。[③] 彭翊综合钻石模型及中国实

① 臧志彭.中国网络文化产业发展指数构建与动态演化实证分析[J].统计与决策，2015，421（01）：103－106.

② 臧志彭，解学芳.中国网络文化产业技术创新的动态演化[J].社会科学研究，2012，202（05）：44－51.

③ 胡惠林，王婧.中国文化产业发展指数报告（CCIDI）[M].上海：上海人民出版社，2012.

际国情对测度变量进行选取,分别从投入、产出、发展环境三个方面测度各省市文化产业的发展,构建出中国省市文化产业发展指标体系。[①] 焦斌龙从文化产业发展中的经济、文化和社会等视角出发,构建以人力资本、投资结构、文化产品消费能力、文化产品市场化程度、经济效益、经济贡献等为核心的 12 个一级指标,在此基础上,将一级指标细分为 48 个二级指标,最终形成较为全面的文化产业发展综合评价指标体系。[②] 王琳则聚焦文化产业属性、特征,构建出中国城市文化产业综合评价指标体系,包括总量规模、政府投入、发展水平、市场化程度、对国民经济的贡献、经济效益 6 个一级指标,细分之下的二级指标有24 个。[③]

从互联网发展指标体系研究来看,中国互联网络信息中心(CNNIC)已形成了较为成熟的互联网指标体系,自 1997 年开始,CNNIC 每年或每半年就发布一次《中国互联网络发展状况统计报告》。在该报告中,互联网发展指标测量维度大致包括基础资源、企业应用、个人应用、政府应用、网络安全、网民规模及结构和工业互联网等,随着互联网的发展,具体的测量指标亦会有所变动。[④] 从互联网经济发展指标体系研究来看,学者们主要聚焦互联网经济活动、参与主体和基础设施层面,考察互联网经济发展水平。例如,古普塔(Gupta)等人认为互联网由生产者、消费者、中介机构、互联电子市场、应用程序、互联网协议网络组成,因此,互联网经济发展可以通过这 6 个层次加以测量。[⑤] 波士顿咨询集团(Boston Consulting Group)则从互联网用户活跃数量、网上购物规模与金额、移动接入规模与数量、互联网业务的种类等多方面出发,综合衡量互联网经济发展水平及其经济价值。[⑥] 张锐认为,互联网经济发展测度的指标体系的构建,可以通过测量和计算网络应用规模、产业发展、工业投资和产业劳动四个层次的指数完成。[⑦]

① 彭翊.中国城市文化产业发展评价体系研究[M].北京:中国人民大学出版社,2011.
② 焦斌龙.评价文化:文化资源评估与文化产业评价研究[M].太原:山西教育出版社,2004.
③ 王琳.文化产业的发展与预测[M].天津:天津社会科学院出版,2005.
④ 中国互联网络信息中心.中国互联网络发展状况统计报告[EB/OL]. http://www.cnnic.net.cn. 2023-2-14.
⑤ Gupta, A., Linden, L. L., & Stahl, D. O., et al. Benefits and Costs of Adopting Usage-Based Pricing in a Subnetwork[J]. Information Technology & Management, 2001, 2(02): 175-191.
⑥ 波士顿咨询公司.2009 The New Global Challengers[EB/OL]. https://www.docin.com/p-380863707.html.2023-2-15.
⑦ 张锐.以太网络并行科学计算中通信损耗的定量描述[J].计算机工程与应用,2001(01): 27-29.

从数字经济发展指标体系研究出发，目前，国外最为权威的数字经济发展测量指标是由经济合作与发展组织（OECD）于2017年提出的，该指标体系主要考察创新能力、基础设施、赋权社会和增加就业岗位等方面，最终确定了38个数字经济发展的测量指标。[①] 凯文·贝尔富特（Kevin Barefoot）从数字经济的概念组成部分出发，认为数字经济发展必须包含数字化基础设施、数字媒体和电子商务等组成部分，在此基础上，通过投入产出核算算法，他对近几年美国各行业领域的数字经济规模展开实证测量。[②] 张雪玲等人同样在详细阐述数字经济的概念与深层内涵的基础上，对数字经济的新发展趋势展开探究，从数字经济基础设施、数字经济产业变革、数字经济应用的角度出发，全面系统地针对省域数字经济发展构建出综合评价体系，在此指标建构完善的基础上，采用实证研究自然间断点分级法，揭示不同省域数字经济发展之间的空间差距。[③] 周曙东和董倩以区域数字经济为核心，将数字经济发展的一级指标设定为数字经济发展支撑条件、数字经济融合应用和数字经济发展环境，其中涉及7个二级指标和24个三级指标，并以贵州省作为典型案例展开实证研究。[④] 此外，国内相关研究机构和组织也对数字经济发展指标展开研究。例如，中国信通院[⑤]和中国电子信息产业发展研究院[⑥]于2019年，分别用直接的生产法和间接的综合指标法，对数字经济发展规模与程度进行实证测度。

从信息内容产业的指标体系研究出发，有学者首先对信息化程度指标体系展开研究，在他们看来，信息化与工业化的结合，其是由现代信息技术与社会经济共同生成的产物，而信息化测度指标体系是用以衡量信息内容产业发展水平最为直接的工具。目前，信息化综合评估的指标体系主要基于信息经济、社会与经济关系等理论，但还处于相对薄弱的状态。其中，马克卢普和波拉特的信息经济测度方法相对完善，他们通过归纳知识产业、信息产业、国民经济部门的发展数据总结出信息内容行业的指标体系，最终，以信息行业和信息劳动力为具体的测量维度，通过定量研究的方法计算出信息产业在整个经济部门的

① Barefoot, K., D. Curtis, W. Jolliff, J. R. Nicholson, & R. Omohundro. Defining and measuring the digital economy[J]. Bureau of Economic Analysis, 2018, (03): 15.
② 同上.
③ 张雪玲，吴恬恬.中国省域数字经济发展空间分化格局研究[J].调研世界，2019(10): 34 - 40.
④ 周曙东，董倩.区域数字经济发展指数测度方法及应用研究[J].调研世界，2022，351(12): 68 - 78.
⑤ 中国信息通信研究院宽带发展联盟.中国宽带发展白皮书[R]. 2019年10月.
⑥ 中国电子信息产业发展研究院.2019中国数字经济发展指数白皮书[R]. 2019年11月.

比重和变化。[①] 而针对信息化综合评估指标体系所建构的 RITE 模型,则侧重于计算社会信息流量、信息利用、信息社会活动等多重指标,但整体来看该模型的指标并不全面,信息活动层面上的部分重要方面被忽视。[②] 此外,有学者直接针对信息内容产业和数字内容产业的指标体系展开研究,如韩洁平等人从影响信息内容产业发展的因素出发,将一级指标分为国民经济发展、信息技术、科学研究发展、信息人才和信息产业政策 5 类,包含 20 个二级指标。[③] 谢友宁等人则以内容产业评估指标为对象,构建数字内容产业发展的指标体系,从产业环境、人力资源、企业、产品、市场、服务和产业链延伸等 9 个方面设计出一、二级评估指标。[④]

(二) 研究述评

基于上文对国内外相关研究现状的梳理,不难发现,目前针对网络文化产业发展综合评估的指标体系构建与研究还存在以下问题:其一,国内外有关网络文化产业发展综合评估指标体系的学术研究成果在数量上存在明显不足,同时网络文化产业发展始终处于动态过程中,其指标体系伴随发展也应加以更新,而近年来却未有研究对其加以关注;其二,虽有学者构建出网络文化产业发展指标体系,但往往将网络文化产业发展等同于互联网发展,从中观和微观层面构建网络文化产业发展的指标体系。事实上,两者之间存在一定差距,网络文化产业是一个宏大的概念,其中不仅包含互联网发展,还涉及政治、经济和文化等多重组成部分,因而对其发展水平的测量必须要关照到宏观面向;其三,在研究方法上,虽有学者运用实证研究的方法,计算网络文化产业发展指数,但是在具体的数据搜集工具中,最新数据仅为 2001 年的数据,略显陈旧,对当下的网络文化产业发展而言并不具有代表性;其四,虽然众多相关概念的综合评估指标体系具有一定的借鉴意义,但是这些指标体系有着不同的侧重点,在具体的结构设计、构建维度和指标选取等方面差异悬殊,归根结底并无法直接用于网络文化产业发展指

① 马克卢普和波拉特.马克卢普和波拉特的信息经济测度方法评价与对比[EB/OL]. https://ishare.iask.sina.com.cn/f/iNK2OfN1kq.html,2023-2-15.

② 董明辉,陈端吕,邹滨等.基于 RITE 模型的东北老工业基地信息化水平分析[J].地理科学进展,2009(2):5.

③ 韩洁平,毕强,赵娜.信息内容产业的发展机理与发展规律研究[J].情报资料工作,2009,171(06):5-9.

④ 谢友宁,杨海平,金旭虹.数字内容产业发展研究——以内容产业评估指标为对象的探讨[J].图书情报工作,2010,54(12):54-58+73.

数的测量；其五，国外综合评估指标体系大多是具有本土特征或是建立在国家层面上的，而国内研究针对网络文化产业发展指标体系的本土化建构尚未完成。有鉴于此，本章节试图建构出网络文化产业发展指标体系，同时，运用实证研究的方法，结合最新数据与已建构的指标体系，计算出近几年的网络文化产业的发展指数，得到具有针对性的研究结果，以弥补国内外相关研究的缺失与不足。

三、网络文化产业发展指标体系的构建意义

构建网络文化产业发展指标体系，不仅可以对国家网络文化产业的综合实力进行评估，还可以在一个受到普遍认同的指标体系下，对国家网络文化的发展状况进行评估，这样有助于更加准确地认识、更为科学地分析国家网络文化产业的发展状况。

第一，构建网络文化产业发展综合评估指标体系，旨在使网络文化产业成为我国的支柱型产业。网络文化产业发展指标体系，是综合度量我国网络文化产业发展的表象与内涵特征而得出的，既对我国的网络文化产业的发展状况、阶段、特征和规律进行评估，也为网络文化产业由附加产业到主要产业的跨越式发展提供决策服务。

第二，构建网络文化产业发展综合评估指标体系，旨在清晰、动态地呈现产业发展现状。一直以来，学界对指标体系的建构与分析大多采用定性研究方法，具有一定的概括性，偏向静态分析的方式，缺乏定量研究的科学性、系统性。为此，构建量化的评估指标体系，可以对网络文化产业的发展进行量化分析，通过量化的标准，在动态变化中把握网络文化产业的实际发展状况和发展趋势。至此，网络文化产业发展的研究也显得相对科学，且更具说服力。

第三，构建网络文化产业发展综合评估指标体系，旨在为国家与地区制定网络文化产业发展规划指明方向，同时为评估网络文化产业发展政策法规与战略规划的效果提供依据。一方面，通过度量国家和地方网络文化产业发展的支撑体系，政府与相关主管部门可以清晰地观察到发展过程中的优势与劣势，有针对性地制定国家和地方网络文化产业发展的特色化、本土化路线，从而避免千篇一律的政策建议与规划；另一方面，网络文化产业发展综合评估指标体系可评估国

家和地方政策对网络文化产业发展的实际效果,进而为政策法规调整提供决策依据,提高网络文化产业相关政策执行部门的工作效率。

第二节　网络文化产业发展指标体系构建的原则和思路

一、网络文化产业发展指标体系构建的原则

综合评估指标体系是由一些相互联系、相互作用、相互制约的统计指标所组成的一个整体。[①] 为了能够客观、科学、真实和合理地评价网络文化产业发展的水平,本文在研究网络文化产业发展时遵循以下原则。

(一) 科学性和系统性原则

网络文化产业发展综合评估指标体系的建立,应以科学的理论为基础。首先,在指标的选取和综合评估体系的构建过程上,始终有理论基础作为支撑,同时,需要选用精简但具有概括力的指标,反映网络文化产业的发展特征,各指标之间应有内在的关联性和逻辑性,但是也要保证各指标间具有互斥性,以防重复测量,力求综合评估指标体系能够准确、客观和全面地体现网络文化产业的发展水平。

(二) 可操作性原则

对于网络文化产业发展综合评估指标的选取必须具有很强的可操作性,指标并非随意选取而来,而是应在权威统计年鉴、权威机构中可以获取相应的指标数据,如若在权威统计年鉴、权威机构中无法直接搜集到数据,而可以通过数学计算公式运算得到数据结果,也同样能够纳入指标的选取中。因此,指标本身的选取必须具备可转换成数据的能力,即可操作性,否则便无法计算出最终的指数结果。

[①] 张举玺,王文娟.基于层次分析法的国际一流新型主流媒体评价指标体系研究[J].现代传播(中国传媒大学学报),2020,42(08):1-8.

（三）普遍性和开放性原则

网络文化产业的发展指标的选取同样要充分考虑网络文化产业的特点，最终构建的综合评估指标体系既能适用于全国的网络文化产业的发展水平的测量，又能够适用于不同地区、不同时间维度网络文化产业水平的测量，即具有普遍性和开放性。这就需要综合评价指标体系能够统一不同地区维度、时间维度的统计口径，以获取不同地区、不同时间维度的指标数据，此外，计算方法和评价结果也要具有统一性，保证指标间具有可比性，所获得的指标测算与发展指数结果客观、公正且合理。

（四）整体性与关键点结合原则

网络文化产业发展所涉及面广，因而在指标的选取过程中可能会存在滞后性、隐蔽性与复杂性。因此，网络文化产业发展综合评估指标体系的构建，必须坚持指标整体性与关键指标评价相结合，即关注到网络文化产业发展面的同时，也要关照到关键发展点，既要反映一般性网络文化产业发展的态势，也要密切关注网络文化产业关键组成部分的发展。

二、网络文化产业发展指标体系构建的思路

目前，虽然学术界在综合评价过程中已达成共识，但对于上述两个核心环节的具体实践路径存在不同看法，主要表现为认识论中"理论优先"的主观路径与"数据优先"的客观路径的差异。

（一）主观路径：侧重评估指标体系的理论性与全面性

主观路径遵循自上而下的逻辑，强调评价体系的理论性和全面性，重点探究如何在理论上合理划分和拆解考核对象的概念、属性、要素和环节，通过专家经验或主观判断对指标进行选择和构建。坚持主观路径的研究人员普遍认为，指标的选择和权重分配本质上是指标评价"什么（目的）"和"如何评价（方法）"的选择，这种选择必然有主观的价值判断。[①] 例如，基于影响力理论中所包含的"接

---

① 汤景泰，徐铭亮.指标构建与核心流程：社交媒体内容传播效果的综合评估[J].现代传播（中国传媒大学学报），2022,44（04）：37-46.

触、接受、维持和推广",有学者提出了媒体渠道和意见领袖传播广度、深度、强度和有效性的四维因素模型,以及社交媒体覆盖率、互动性、认知度、满意度、忠诚度的五维影响力模型,并构建了多个综合评价指标体系。[1] 又如,基于危机管理理论,有学者将突发事件网络舆情指标评价系统,细分为事件爆发过程中的受众行为和内容反馈。[2] 总的来说,主观路径的科学性取决于评价体系与相关理论契合程度,经典理论的"模块化"在众多研究中被反复验证,已形成了较为成熟的理论依据,因此可以直接被应用于现实分析中。但是主观路径的缺点也十分明显,在研究设计和测量过程中,容易忽略从理论到实证的过程。换言之,这种评价系统不能被马上使用,还需要学者根据理论和实际进行更详细的操作化定义,才能被应用到具体实践中。

(二) 客观路径:侧重评估指标体系的效率与实用性

客观路径遵循自下而上的逻辑,强调评价指标体系的效率和实用性,在计算数据分布的基础上,结合特定评估目标的特征,判断指标与目标对象之间的相关性和变异性,设计具有代表性、概括性的排名系统,倾向于定量选择指标并分配权重。此外,还有计算机和数据科学领域的学者,采用机器学习的方式,建构综合评估指标体系,并计算加权和最终指数。坚持客观路径的研究人员认为,主观路径中包含过多的主观性、自主性和任意性,无法观察到测量数据的内在特征,因此,主观构建的指标和权重与现实世界的真实情况存在差距,缺乏客观数据。对此,有学者基于社交媒体用户行为、事件、话题参与和个人属性特征等因素,进行影响力排名系统的研究,以及针对热门话题和网站链接设计排名算法。除学术研究外,众多媒体平台也构建了适用于商业评估的指标体系,根据目标对象的特征设定算法,分析行业内各种媒体、平台、网站、企业的影响力和广告效果,如青博大数据、百度指数、新网指数、微信指数等。总的来说,客观路径更加重视算法开发和工程改进,在方法的应用上更加灵活多样,没有固定的步骤和工艺限制,其科学性体现在评价体系的数据和方法的合理组合,以及体系的整体效率,评价的最终目的是对考核对象的分数进行排序或将评价结果应用于其他研究和

---

① 匡文波,武晓立.基于微信公众号的健康传播效果评价指标体系研究[J].国际新闻界,2019,41(01):153-176.
② 韩玮,陈安.基于焦耳定律的公共危机事件网络舆情热度模型研究[J].情报科学,2021,39(02):24-33.

分析。但这类研究的问题在于过于追求评价的排名结果，忽视对结果原因和对象差异的调查和解读，最终可能导致进入"盲目排名"的误区。

第三节　网络文化产业发展综合评估的指标体系构建

一、研究方法

本节主要运用文献分析法，通过对网络文化产业发展、文化产业高质量发展等相关既有文献进行阅读、梳理、归纳和总结，结合网络文化产业的内涵和发展特征，重点对网络文化产业发展水平进行测量与分析，初步筛选出符合网络文化产业发展指标体系的多级测量指标。以期为未来网络文化产业发展水平的判别提供理论依据，也为政府制定网络文化产业发展政策提供参考方向。对此，本研究的文献分析资料主要包括学术资料、政策文件和行业报告。

（一）学术资料

在学术资料方面，本章节以期刊论文、硕博论文和专著书籍为主要文献分析的资料来源。在资料搜集和阅读梳理的过程中发现，既有的"网络文化产业发展指标体系"重点关注推动网络文化产业发展的中观因素和微观因素，却忽视宏观层面与网络文化产业发展相关的政治、经济和文化等方面的重要因素。因此，将检索主题词扩大到"文化产业发展指标""文化产业高质量发展指标""数字内容产业发展指标""数字经济发展指数"和"信息产业发展指标"等，按照学术资料的权威性、主题相关度和文献引用率对学术资料进行筛选，试图借助以上相关学术研究内容和既有指标体系，构建具有综合性特征的网络文化产业发展指标体系。

（二）政策文件

文化是国家的软实力，进入新时代，党和国家领导人高度重视文化产业和网络文化产业的发展，国家针对文化产业数字化、数字文化产业和网络文化产业等议题，陆续颁布相关政策文件，制定发展规划和战略意见。而政策文件中所体现出的大局观与发展观,既明确了网络文化产业的发展方向,又为构建网络文化产业的发展指标提供了具体内容。经过文献梳理发现,网络文化产业的发展规划与政策意见均被纳入数字化与文化产业的战略部署之中。因此,本章节将近年来与数字化、文化产业有关的重要政策文件作为理论来源(见表5-1)。

表5-1　政策文件类资料文献

标　　题	发布时间
关于推动数字文化产业创新发展的指导意见	2017 年
关于促进文化和科技深度融合的指导意见	2019 年
关于推动数字文化产业高质量发展的意见	2020 年
关于做好国家文化大数据体系建设工作的通知	2020 年
"十四五"数字经济发展规划	2021 年
"十四五"文化产业发展规划	2021 年
"十四五"文化发展规划	2022 年
关于推进实施国家文化数字化战略的意见	2022 年

(三) 行业报告

在行业报告方面,以"网络文化产业发展"为主题的行业研究较少,但网络文化产业与互联网发展存在交集,对此,通过回溯互联网发展的行业报告发现,此类报告中包含着众多与网络文化产业发展相关的指标和数据。其中,中国互联网络信息中心(CNNIC)自 1997 年开始发布《中国互联网络发展状况统计报告》,截至 2023 年 8 月,已发布 50 余次。该报告中展示详细的互联网基础设施、网民规模、用户结构、互联网应用规模和工业互联网等发展现状,其成果具有权威性、代表性、系统性和科学性,因此,成为本章节构建综合评估指标体系的重要前提和参考基础。此外,本章节亦从 QuestMobile、艾瑞咨询(iResearch)等发布的互联网发展行业报告中获取关键指标。

二、网络文化产业发展综合评估的指标体系设计

综合评估系统包含分析框架、指标体系以及数据计算、处理流程。其中，不同的分析框架对应着不同的指标体系，而指标体系是综合评估系统的核心内容，承载着评估的目的与价值取向，内蕴着评估的理论基础与前提假设。[①] 因此，对分析框架的选取将直接决定网络文化产业发展指标的具体方向和目标内容。鉴于"网络文化产业"是一个宏大的概念，其作为特殊的网络形态、文化形态和经济形态，与国民经济、政策文件和社会发展之间存在着千丝万缕的联系。因此，在分析框架的选取和指标体系的构建上，必须要综合考虑政治、经济和文化等推动网络文化产业发展的外部性力量，同时，也要考虑到直接决定网络文化产业发展水平的内生性动力因素。

对此，本章节主要参照《中国文化产业发展指数报告》（以下简称《报告》），[②] 以其中的外部性关系和内在规律性运动作为具体的分析框架，以表征指数和内涵指数建立指标体系，沿用《报告》中的概念。表征指数，主要用以反映网络文化产业发展的外部性关系，在表象上反映网络文化产业的发展特征；内涵指数，主要用以反映网络文化产业的内部性关系，衡量形成网络文化产业内在运行规律的各种因素。通过对网络文化产业发展横向和纵向的双重构建，以关照到可测量网络文化产业发展的具体指标。但考虑到《报告》中指标体系的建构对象为文化产业发展，与本章节研究的网络文化产业发展存在差异，因此，在具体的指标体系建构与标准设计中，结合中国互联网络信息中心（CNNIC）发布的《中国互联网络发展状况统计报告》、[③]既有的中国网络文化产业发展指标体系、[④]相关研究的产业发展指标体系以及政策文件和行业报告，将中国文化产业发展指数中不适用、不具代表性的指标进行剔除、改动和增补。最终，筛选出网络文化产业发展的一级、二级和三级测量指标。

① 汤景泰,徐铭亮.指标构建与核心流程:社交媒体内容传播效果的综合评估[J].现代传播（中国传媒大学学报）,2022,44(04):37-46.
② 胡惠林,王婧.中国文化产业发展指数报告(CCIDI)[M].上海:上海人民出版社,2012:5.
③ 中国互联网络信息中心.中国互联网络发展状况统计报告[EB/OL]. http://cnnic.cn,2023-01-17.
④ 臧志彭.中国网络文化产业发展指数构建与动态演化实证分析[J].统计与决策,2015(01):103-106.

（一）表征指数

表征指数涉及与网络文化产业相关的外部性关系。根据网络文化产业发展的实际情况,本章节将这种外部性关系分为两个主要部分,即产业发展环境和产业宏观经济效益。事实上,网络文化产业的发展水平与外部发展环境息息相关,政治、经济、网络安全等多重外部环境因素均会对其发展产生正向或负向的影响。同时,产业宏观经济效益可以作为衡量网络文化产业发展水平最为直接的、有效的测量指标。因此,在一级指标的设置中,通过产业发展环境和产业宏观经济效益考察网络文化产业发展的表征指数。在此基础上,设置可以具体测量网络文化产业发展水平的二级和三级指标。

1. 产业发展环境

产业发展环境是推动网络文化产业高水平发展的关键推动力,主要包括政治、经济和网络环境等。

政治环境指向国家和政府对网络文化产业发展的重视程度,从宏观政治高度的视角出发,通过制定一系列的政策扶持与战略规划方案,为网络文化产业提供更加明确且清晰的发展方向,并配以具有规范性、指导性的政策法规,以实现网络文化产业的正向发展。具体细化的二级指标为"产业发展规划",三级指标则对应网络文化产业的"政策法规、发展战略与规划意见数量"。

经济环境特指融资环境,网络文化产业的发展极其依赖融资环境,融资环境的利好将决定网络文化产业发展的速度,不论是技术研发、网络新产品的开发,还是软硬件基础设施和基建建设的投入,都需要雄厚的资金支撑。因此,融资是网络文化产业得以发展的必要环节。因此,本章节将"融资环境"设定为二级指标。具体的三级指标包括"网络文化产业的融资事件""网络文化产业融资总额"和"网络文化产业融资过亿事件数量"。

网络环境主要指网络安全环境。回溯既往研究不难发现,网络安全环境在网络文化产业发展中的重要性往往是被忽视的,或者是被低估的。事实上,网络安全环境是保证网络文化产业得以正常运行的前提,如若网络环境始终充斥着不良信息,诈骗事件频发,信息系统漏洞较多,则网络文化产业的发展势必会遭遇曲折。因此,网络安全环境亦是网络文化产业发展的重要的外部影响因素。对此,本章节将二级指标设置为"网络安全环境",具体测量的三级指标分别为"网络安全事件发生的比率""网络诈骗事件发生的比率""信息系统安全漏洞数量""接报网络安全事件数量"和"网络违法不良信息举报受理数量"。需要特别说明的是，在本章节中，网络安全环境所设定的三级指标均为负向测量指标，其余三级指标均为正向测量指标。

2. 产业宏观经济效益

从产业效益的角度来说，网络文化产业发展的最终结果将会直接转换为产业产值与经济收益，因此，可以通过产业宏观经济效益来反向衡量网络文化产业的发展水平。具体来说，如网络文化产业在国内生产总值中的占比逐年提升，就代表着网络文化产业持续发展。同时，网络文化产业内部所包含的业务收入与营业利润，也是衡量其发展程度的重要面向。因此，根据网络文化产业发展在经济效益中的实际贡献，本研究将"产业宏观经济效益"的二级指标分为"产业经济贡献"和"网络经济规模"。其中，"GDP 在全部产业中的比率"和"网络文化产业增加值规模"作为三级指标用以测量"产业经济贡献"，即通过整体宏观经济收益衡量网络文化产业的发展。而"网络经济规模"则包括"网络业务收入""网络企业营业利润"和"软件业务收入"，即通过内部细分收入考察网络文化产业的发展水平。

（二）内涵指数

内涵指数主要涉及网络文化产业发展的内部性规律。相比于表征指数，内涵指数与网络文化产业发展之间则存在着更为直接的关联，内涵指数之下的一级指标设定，是对网络文化产业内部结构特征与影响因素的概括，包括"产业基础设施建设""产业吸引力""产业创新力"和"产业主体结构"。具体来说，正是产业基础设施不断的更新迭代才使得网络文化产业得以长久发展。因此，产业基础设施可以作为一种深层、稳定的持久推动力，支撑网络文化产业的发展；而无形的产业吸引力可以转化为网络文化产业的最终实际收益；产业的创新力更是决定网络文化产业能否持久发展的关键；产业主体结构的优化与升级则对应着网络文化产业发展的储备力量。

1. 产业基础设施建设

网络文化产业的发展依赖基础设施的建设，而产业基础设施的规模也将决定网络文化产业发展的稳定性。具体来说，产业基础设施建设越完备，网络软硬件技术更新迭代的速度越快，网络文化产业发展的前景就会越广阔。对此，本章节将"产业基础设施建设"纳入网络文化产业发展的一级指标建构之中。而产业基础设施的建设又包括网络硬件设施和基建建设、网络软件设施开发，以及硬件设备接入的用户规模,因此,依据网络文化产业基础设施的不同面向,可以将二级指标设定为"互联网基础资源""互联网应用资源"和"互联网接入环境"。其中,"网络基础资源"所代表的硬件设施和基建建设水平,可以通过"IPv4 地址数量""IPv6 地址数量""域名数""移动电话基站数量""互联网接入端数量""光缆线路长度"和"物联网设备连接量"7 个三级指标维度完成测量;而以"网络应用资源"为代表的软件设施与开发则包含"网站数量"".CN 下网站数量""网页数量""移动互联网接入流量"和"App 数量"5 个三级指标;以硬件设备接入的用户规模为核心的"网络接入环境",分别涉及"移动电话用户规模""固定宽带接入用户数"和"光纤宽带用户规模"3 个三级指标。以上指标均为正向指标,其数量越多,规模越大,网络文化产业发展指数越高。

2. 产业吸引力

产业吸引力作为网络文化产业的无形资产,拥有随时转化为经济资本的能力,决定着用户使用网络文化产业产品的规模与消费意愿。换言之,网络文化产业产品越具备吸引力,在文化产业产品市场的竞争中就越具备优势,网络文化产业发展的市场规模就越大。因此,测评网络文化产业的发展程度也应当包含对于网络文化产业市场产品吸引力的测评。目前,网络文化产业市场中的应用程序是非常丰富的,主要形成了以"网络通信应用""网络娱乐应用"和"网络消费应用"为核心的产业格局,本章节将这三类应用的规模设定为二级指标。其中,"网络通信应用"主要是以通信、信息服务为核心的移动应用程序,包括"即时通信""搜索引擎"和"网络新闻"等;"网络娱乐应用"是以消遣、娱乐服务为导向的移动应用程序,包含"网络游戏""网络直播"和"网络视频"等;"网络消费应用"则是通过线上应用程序,完成线下的衣食住行的消费支付,包括"网络支付""网络购物""网络外卖""在线旅行预定"和"网约车"等。对此,本章节将以上应用程序的用户规模设定为三级指标,自下而上地测量产业吸引力,如果用户规模越大,则产业吸引力越大,网络文化产业发展水平越高。

3. 产业创新力

创新是网络文化产业动态演化的关键,而网络文化产业的发展过程是对创新意识、创造能力的鼓励与挖掘。[①] 因此,产业创新力可以作为一级指标,衡量

---

　　① 臧志彭.基于决策树的网络文化产业发展影响因素实证研究:来自上海的经验证据[J].科技管理研究,2014,34(24):211-217.

网络文化产业发展的未来潜力，具体可以分为"知识产权创新"和"技术研发创新"的创新，因此，本章节将其作为二级指标，以衡量网络文化产业的创新能力。其中，"知识产权创新"包括已获取产权认证的"计算机软件著作权"和"网络技术专利比例"；而"技术研发创新"主要涉及"研发人员总数"和"投入研发经费"，即拥有的计算机软件著作权和研发人员越多，网络技术比例和投入研发经费越高，网络文化产业的创新能力越强，网络文化产业也随之正向发展。

4. 产业主体结构

产业主体结构是网络文化产业发展的中坚力量，主体结构越优化，参与主体层次越丰富，网络文化产业发展越平稳。具体来说，参与网络文化产业生产与消费的主体涉及"网民主体""企业主体"和"人力资源"三类，本章节将其设定为二级指标。其中，"网民主体"代表网络文化产业被消费的可能性；"企业主体"代表网络文化产业发展推动者的规模；"人力资源"代表参与网络文化产业生产运作的实践者规模。在此基础上，从网民主体出发，重点考察"互联网网民数量"和"网民人均每周上网时长"，从企业主体出发，考察"网络文化企业总量"和"上市网络文化企业数量"，人力资源则直接对应"从业人员总数"，以上指标均被纳入三级指标的设定中。依据上述指标的建构思路与逻辑，本章节建立了符合网络文化产业发展实际特征的综合评估指标体系（见表5-2）。

表5-2 网络文化产业发展综合评估的指标体系

指标体系	一级指标	二级指标	编号	三级指标	单位
表征指数	产业发展环境	网络安全环境	X1	网络安全事件发生的比率	％
			X2	网络诈骗事件发生的比率	％
			X3	信息系统安全漏洞数量	个
			X4	接报网络安全事件数量	件
			X5	网络违法不良信息举报受理数量	万件
		融资环境	X6	网络文化产业的融资事件	件
			X7	网络文化产业融资总额	亿元
			X8	网络文化产业融资过亿事件数量	件

指标体系	一级指标	二级指标	编号	三　级　指　标	单位
表征指数	产业发展环境	产业发展规划	X9	政策法规、发展战略与规划意见	条
	产业宏观经济效益	产业经济贡献	X10	GDP在全部产业中的比率	%
			X11	网络文化产业增加值规模	万亿元
		网络经济规模	X12	网络业务收入	亿元
			X13	网络企业营业利润	亿元
			X14	软件业务收入	亿元
内涵指数	产业基础设施建设	网络基础资源	X15	IPv4地址数量	个
			X16	IPv6地址数量	块/32
			X17	域名数	万个
			X18	移动电话基站数量	万个
			X19	互联网接入端数量	亿个
			X20	光缆线路长度	万公里
			X21	物联网设备连接量	亿个
		网络应用资源	X22	网站数量	亿个
			X23	".CN"下网站数量	万个
			X24	网页数量	个
			X25	移动互联网接入流量	亿GB
			X26	App数量	万款
		网络接入环境	X27	移动电话用户规模	亿户
			X28	固定宽带接入用户数	亿户
			X29	光纤宽带用户规模	万户

续　表

指标体系	一级指标	二级指标	编号	三　级　指　标	单位
内涵指数	产业吸引力	网络通信应用规模	X30	即时通信用户规模	万人
			X31	搜索引擎用户规模	万人
			X32	网络新闻用户规模	万人
		网络娱乐应用规模	X33	网络游戏用户规模	万人
			X34	网络直播用户规模	万人
			X35	网络视频用户规模	万人
		网络消费应用规模	X36	网络支付用户规模	万人
			X37	网络购物用户规模	万人
			X38	网络外卖用户规模	万人
			X39	在线旅行预订用户规模	万人
			X40	网约车用户规模	万人
	产业创新力	知识产权创新	X41	计算机软件著作权	个
			X42	网络技术专利比例	%
		技术研发创新	X43	研发人员总数	人
			X44	投入研发经费	亿元
	产业主体结构	网民主体	X45	互联网网民数量	万人
			X46	网民人均每周上网时长	小时
		企业主体	X47	网络文化企业总量	个
			X48	上市网络文化企业数量	个
		人力资源	X49	从业人员总数	人

三、网络文化产业发展综合评估指标体系的创新构建

网络文化产业发展综合评估的指标体系被分为表征指数和内涵指数。其

中,表征指数包含产业发展环境和产业宏观经济效益两个维度,即一级指标从政治、经济和网络 3 个维度展开,进而全面评估网络文化产业发展的外部表象。2个一级指标之下涉及 5 个二级指标和 14 个三级指标,呈现自上而下的指标构建模式,而每一级指标又是对上一级指标的细分,从而实现表征指数体系的可操作化与量化。从整体来看,表征指数能够实际反映网络文化产业发展的客观水平和外部性关系,既呈现出网络文化产业的外部发展环境,客观呈现政策法规对网络文化产业的扶持,又可以全面评估宏观经济效益,最终使得表征指数体系具备政治、经济等宏观要素。

相比于表征指数,内涵指数所涉及指标体系更具广度和深度,重点考察网络文化产业发展的内在性规律,包含产业基础设施建设、产业吸引力、产业创新力和产业主体结构 4 个重要组成部分,整体由 4 个一级指标、11 个二级指标和 35个三级指标构成。其中,一级指标涉及网络文化产业内部发展的关键面向,是对网络文化产业发展深层推动力的系统考量。而二级指标则是基于网络文化产业内部独立特征的细致性考察,在此基础上所生成的 35 个三级指标,也将 11 个二级指标落实到可操作的层面。概言之,内涵指数指标体系的构建涉及中观层次和微观层次,具体指标的设计则具有概括力、统摄力和代表性。

总体而言,本章节针对网络文化产业发展构建的综合评估指标体系具有创新性。

其一,纵观既往的研究,虽有学者针对网络文化产业发展构建指标体系,但在具体指标的设计中,也只是关照到中观层面的产业基础、规模和吸引力,即主要从互联网发展的角度探讨网络文化产业的发展。而网络文化产业发展是其外部性关系和内在性规律共同作用的结果,对其指标体系的构建理应进入更为宏大的视野之中。对此,本章节通过表征指数和内涵指数的双重构建,以更加全面、综合、系统和客观的视野,概括推动网络文化产业发展的宏观、中观和微观各类因素,最终构建网络文化产业发展的指标体系。

其二,网络文化产业发展指标体系与文化产业发展、数字内容产业发展、互联网发展和数字经济发展等指标体系密切相关,这也使得部分学者挪用上述成熟的指标体系,直接对网络文化产业的发展进行考察。以互联网发展为例,网络文化产业在互联网时代应运而生,其发展极大程度上地依赖于互联网和移动通信等技术发展,两者密不可分。因此,在具体指数和指标的构建上,不可避免地与互联网、移动通信等技术发展存在交集,但如若将互联网发展与网络文化产业发展混为一谈，不加区分地展开测量，无疑会忽视网络文化产业发展的独特性，其测量结果亦不具备客观性和规范性。对此，本章节在网络文化产业发展综合指标体系的构建上，沿用部分文化产业发展、互联网发展和数字内容产业等的相关测量指标，在重新整合、修正和编排各指标的基础上，针对网络文化产业发展的独立特征，具有创新性地提出"产业发展环境""产业创新力"和"产业主体结构"等符合网络文化产业发展特征的指标体系，试图解决前人在网络文化产业发展指标测量过程中所出现的以偏概全的问题，使得指标构建亦更具针对性、科学性和解释力。

第四节　网络文化产业发展综合评估指标体系的核心流程

纵观既往综合评估指标体系研究，学界已在核心流程上达成共识。在构建起综合评估指标体系的基础上，完整的综合评估系统还包含在指标体系前后的数据挖掘处理、指标筛选赋权等流程，这是使得指标体系得以落地的关键步骤。① 具体到网络文化产业发展指数的测量之中，需要对已构建完成的指标体系中各维度的指标数据进行搜集、筛选与整理，在对数据系统进行处理后，再进行指标遴选和权重分配。

一、数据搜集来源

网络文化产业发展综合评估指标体系的数据来源主要分为以下三个类别：

第一类是网络文化产业相关主管部门的历年统计数据，国民经济及相关产业的统计年鉴，包括工业和信息化部、国家统计局、国家知识产权局、文化和旅游部、商务部和教育部等官方网站发布的信息数据。例如，工业和信息化部《互联网和相关服务业年度统计数据》、国家统计局《中国统计年鉴》、国家知识产权局发布的《中国国家专利报告》等。

---

① 汤景泰，徐铭亮.指标构建与核心流程：社交媒体内容传播效果的综合评估[J].现代传播（中国传媒大学学报），2022，44（04）：37-46.

第二类是权威协会、国家研究院的历年统计数据和研究报告,包括中商情报网、中国网络视听节目服务协会、中国信息通信研究院、中国版权保护中心、中国人事科学研究院、中国互联网协会和中国人事科学研究院等。如中国信息通信研究院《中国数字经济发展白皮书》、中国版权保护中心发布的《中国软件著作权登记情况分析报告》、中国互联网协会《中国互联网企业综合实力指数》、中国人事科学研究院《中国人力资源发展报告》、中国工业互联网研究院《工业互联网创新发展成效报告(2018—2021年)》《中国工业互联网产业经济发展白皮书》《中国工业互联网创新发展白皮书》和中国网络视听节目服务协会发布的《中国网络视听发展研究报告》、国家工信安全中心《中国数字经济发展指数报告》等。

第三类是互联网企业公开财报、互联网网站、网络调查咨询机构和研究院发布的历年网络文化产业的信息数据,包括中国互联网络信息中心(CNNIC)、QuestMobile、艾瑞咨询(iResearch)和前瞻产业研究院等。如 CNNIC 发布的《中国互联网络发展状况统计报告》、QuestMobile《中国移动互联网发展年鉴》、艾瑞咨询《中国网络招聘行业市场发展研究报告》《互联网创作者经济白皮书》等。

二、评价指标的实证遴选

指标遴选是对已构建完成的综合评估的初始指标进行再检验,其目的是对既有的指标体系进行精炼与完善,以此调整综合评估指标体系中对现实数据适配性较差的部分,以确保测量指标设计的客观性、科学性和合理性。具体的指标遴选方法包含主观遴选和客观遴选。

(一) 主观遴选

主观遴选方法主要通过德尔菲法(Delphi,又称专家评估法或专家访谈法)对指标进行量化筛选与修订,专家组成员被要求对初始指标进行适当性和重要性的评分,最终,通过专家意见集中度(平均值)和专家意见协调度(变异系数)的数值,判断初始指标是否具有代表性与稳定性。[①] 集中度公式为:

---

① 薛可,李亦飞.推荐算法的社会责任评价指标建构[J].现代传播(中国传媒大学学报),2022,44(01):146-152.

$$M_j = \frac{1}{n}\sum_{i=1}^{n} X_{ij} \quad S_j = \sqrt{\frac{1}{n-1}} \cdot \sqrt{\frac{1}{n-1}\sum_{i=1}^{n}(X_j - M_j)^2}$$

协调度公式为：$V_j = \dfrac{S_j}{M_j}$。

其中，X_{ij} 表示第 i 个专家对第 j 个指标的评分，n 表示专家数；M_j 表示 n 个专家对第 j 个指标的得分的算术平均值；SV_j 表示 n 个专家对第 j 个指标的得分的标准偏差；V_j 表示 n 个专家对第 j 个指标的得分的变异系数。

（二）客观遴选

客观遴选方法主要通过相关性分析与鉴别力分析完成，由此可以解决综合评估体系适配性较差的问题。其中，相关性分析主要剔除重复测量的指标，解决指标间重复性和关联度的问题，具体而言，如若指标间的相关性较强，则说明指标存在重复，需要对其进行筛选、合并或删除，以防重复计量。鉴赏力分析是指评价指标区分评价对象特征的能力，如果某评价指标的评价结果没有区分度，应该给予剔除。根据通行的做法，采用变差系数法计量评价指标的鉴别力，评价指标的变差系数越大，其鉴别力越强，反之，鉴别力越差。[①] 换言之，变差系数过低意味着评估对象在该指标体系中未呈现出可区分的差异，即此类指标的重要性相对较低，因此，需要对其进行剔除处理。鉴赏力计算公式为：

$$V_i = \frac{S_i}{\bar{X}_i}$$

$$\bar{X}_i = \frac{1}{n}\sum_{i=1}^{n} X_i \;;\; S_i^2 = \frac{1}{n-1}\sum(X_i - \bar{X})^2$$

其中，V_i 为变异系数数值，$\bar{X}_i$ 为平均值，S_i 为标准差。

三、数据处理

数据处理主要是遵循客观性与真实性原则，对数据进行同趋势化、无量纲化

[①] 陈明亮，邱婷婷，谢莹.微博主影响力评价指标体系的科学构建[J].浙江大学学报（人文社会科学版），2014，44(02)：53-63.

和缺失数据的处理。所谓同趋势化是指将逆向指标和适度指标转化为正向指标，故而也成为指标的正向化处理。[1] 在网络文化产业发展综合评估的指标体系中，指标存在正相关指标和负相关指标，因此，要对数据进行同趋势化处理。同时，由于网络文化产业发展指标中的 49 个三级指标，存在各自的单位和不同的意义，有绝对数指标、相对数指标和人均指数等不同的计量单位，即不同的评价指数具有不同的量纲和量纲单位。如若将指数进行直接计算就不具备指数测量与比较的科学意义，因此，需要对已收集、整理的数据进行无量纲化处理。所谓无量纲化是指对评价指标数值的标准化、正规化处理，它是通过一定的数学变换来消除原始指标量纲影响的方法，即把性质、量纲各异的指标转换成可以进行综合比较的相对数——"量化值"。[2] 无量纲化的指标转换，是对数据的标准化，它是通过数学变化来消除原始指标量纲影响，将不同量纲描述的实际指标值转化成无量纲评价值的一种方法。[3]

此外，在网络文化产业发展指标原始数据的采集过程中，由于指标数量较多，同时直接针对网络文化产业而展开统计的公开数据较少，需要通过不同的统计年鉴、信息报告，获取相关数据，这无疑增加数据搜集工作的难度，在一定程度上也可能会导致数据缺失，因此，也需要对缺失数据进行统一处理。对于缺失数据的处理，通常有删除数据、可能数据填充、特殊值处理和不处理四种方法。[4] 不同的处理方式，会影响最终的指数结果。考虑到四种方式中对指数结果影响最小的方式为可能数据填充，对此，本章节针对缺失数据也尽可能地采用可能数据填充，寻找相近的数据加以填充；如若无法保证相近性和一致性，则统一删除指标。

四、评价指标的权重确定

指标权重是用来衡量各单位标志值对总体作用大小的数值，表示某一指标项在整个指标项系统中的重要程度，即在其他指标项不变的情况下，这一指标项

①　胡惠林，王婧.中国文化产业发展指数报告（CCIDI）[M].上海：上海人民出版社，2012：26.
②　朱孔来.国民经济和社会发展综合评估研究[M].济南：山东人民出版社，2004：271.
③　钟霞，钟怀军.多指标综合评估方法及应用[J].内蒙古大学学报（人文社会科学版），2004(04)：107-111.
④　胡惠林，王婧.中国文化产业发展指数报告（CCIDI）[M].上海：上海人民出版社，2012：27.

的变化对结果的影响，①它反映了评估指标在指标体系中所占的比重大小。② 而权重赋值的合理与否以及不同的权重确认方法，将会决定测量指数结果的合理性。因此，权重确认是综合评估指标体系中最为重要的环节之一，亦是测定综合评估指标的核心问题，选择适当的权重测量方法至关重要。结合目前的综合评估指标赋权的研究，可以发现最为常用的研究方法有主观赋权法和客观赋权法，两种方法在研究路径上存在差异。

(一) 主观赋权法

主观赋权法是最早出现且较为成熟的方法，较多地被使用在指标权重确认研究中，遵循的是自上而下的思考逻辑和研究路径，以"评什么"为目的导向，即主要以评估方的目的为先，根据评估目的再向下进行指标的权重分配。层次分析法(AHP)和德尔菲法(Delphi)就是比较典型的主观赋权法。

1. 层次分析法

层次分析法(Analytic Hierarchy Process，简称 AHP)是评价决策中常用的一种系统化、层次化的科学决策方法，③也是赋权实践应用最多的方法。它把复杂问题分解成各个组成因素，将这些因素按照支配关系分组为递阶层次结构，通过两两比较确定层次中诸因素的相对重要性，最后综合决策者的判断，确定决策方案相对重要性的总排序。④ 该方法步骤为：建立层次结构模型—构造判断矩阵—层次单排序—一致性检验—层次总排序。⑤

2. 德尔菲法

德尔菲法(Delphi)是采取匿名方式广泛征求专家意见，经过几轮函询和反馈修正，使专家的预测、评价逐步趋向一致，从而对评价对象做出定量与定性相结合的预测、评价的方法。⑥ 该方法步骤为：对知识的描述与集成—将问题量化呈现—绘制测评指标重要性排序调查表—选择专家—评价过程—确定不同指标权重。

以上两种赋权方式，既保留定性分析的结果，又增加定量分析的计算，总体

① 郭昱.权重确定方法综述[J].农村经济与科技,2018,29(08)：252-253.
② 冯锐,李闻.社交媒体影响力评价指标体系的构建[J].现代传播(中国传媒大学学报),2017,39(03)：63-69.
③ 赵焕臣.层次分析法——一种简易的新决策方法.北京：科学出版社,1986：1.
④ 王莲芬,许树伯.层次分析法引论[M].北京：中国人民大学出版社,1990：8.
⑤ 张举玺,王文娟.基于层次分析法的国际一流新型主流媒体评价指标体系研究[J].现代传播(中国传媒大学学报),2020,42(08)：1-8.
⑥ 谭跃进.定量分析方法[M].北京：中国人民大学出版社,2002：69-73.

具有系统性、实用性和简洁性的优势,在具体实操中不受数据样本特征的限制,既可以应用于综合评估的多指标权重分配,又能够使用于简单指标权重的确认之中,具有较低的使用门槛,因而可以运用于网络文化产业发展指标权重分配的实践中。主观赋权法的优点在于专家可以利用既有知识对指标权重进行系统评估和排序,所生成的指标权重系数与实际指标重要性之间具有一致性,权重因而具有较高的权威性和可信度。但其缺点亦十分明显,即指标权重确定易受专家主观价值判断因素的影响,也受到专家经验生产和专业知识的限制,而这也同样会对评估结果的信度和效度产生影响。

(二) 客观赋权法

鉴于主观赋权法的缺点,克服了主观偏向性的客观赋权法应运而生,并得到广泛使用。客观赋权法遵循的是自下而上的思考逻辑和研究路径,倾向于采用定量方法选择指标权重的分配,对各属性权重分配大小的判断,主要是通过该属性下各方案属性值的差异大小来确定的,更加强调指标对现实数据的客观计算与折射。客观赋权法同样包含着丰富的赋权方式,如熵权法和主成分分析等。

1. 熵权法

熵权法是利用各指标的熵值所提供的信息量的大小来决定指标权重的方法,[1]即根据指标变异性的大小判定指标权重的数值,而其所确定的指标权重代表着各属性权重值的离散程度,利用熵权法赋权可以避免主观因素对指标权重的干扰,使得指标权重的分配更加接近客观实际,但缺乏各指标之间的横向比较,权重随数据样本的变化而变化。该方法步骤为:数据标准化—求各指标的信息熵—确定各指标权重。熵权法必须应用于指标数值均大于 0 的数据样本中,而结合本章节网络文化产业发展的数据特征,利用熵权法可以计算出其指标权重。

2. 主成分分析

主成分分析法是通过降维将原来众多具有一定相关性的指标重新组合成一组新的互相无关、尽量少的综合指标来代替原来的指标,这些新的综合指标保留了原始变量的主要信息,同时彼此之间又不相关,比原始变量具有更优越的性质,从而更能反映问题的实质。[2] 主成分分析法是在对数据客观处理完成的基

---

[1]　章穗,张梅,迟国泰.基于熵权法的科学技术评价模型及其实证研究[J].管理学报,2010,7(01):34 – 42.

[2]　杨宇.多指标综合评估中赋权方法评析[J].统计与决策,2006(13):17 – 19.

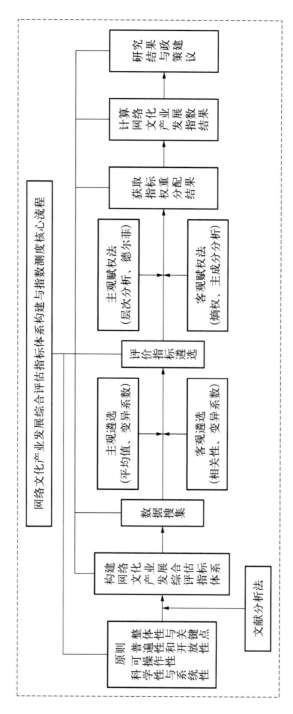

图 5－1　网络文化产业发展综合评估指标体系核心流程

础上实现权重分配的,其通过损失少量信息来获取更优质的变量,因而在提取信息的主成分时,会导致部分信息失真。该方法步骤为:建立协方差或相关系数矩阵—计算特征根和特征向量—确定主成分与权数值。主成分分析适用于线性相关性较强的指标权重计算,且需要在降维处理后依旧能够保留 60% 以上的主成分,而本章节的指标满足线性相关性和主成分最低量级要求,因此,主成分分析同样适用于本章节的权重确认。

概言之,以上两种方法代表客观赋权法,能够被应用于网络文化产业发展指标权重的计算之中。此外,客观赋权法还有离差及均方差法和 BP 神经网络法,但这两种方法并不适用于网络文化产业发展综合评估指标体系的权重确认。具体而言,离差及均方差法会受到指标量纲的影响,不适用于复杂量纲和量纲不统一的综合评估指标系统;而 BP 神经网络法方法虽是极具创新性的实证研究方法,但其依赖于机器学习,需要大量的数据样本和较高数据质量,因而并不适用本章节的指标权重计算。

此外,在主观赋权法和客观赋权法的基础上,近年来,也有学者提出组合赋权法,或主客赋权法。其中,灰色关联度作为一种系统分析技术,用以分析综合系统指标中各因素的关联程度,通过对不同专家经验判断数值的关联度进行计算和比较,关联度越高,专家意见越一致,权重越大,最终以关联系数作为各个决策指标的权重值。从具体实操来看,该方法也具有不可避免的主观性,但整体操作也适用于本章节的指标权重计算。总体来看,针对网络文化产业发展指标权重的确认方法是丰富而多元的,可以根据指标和数据的具体特征,采用不同的权重计算方法。

第五节 网络文化产业发展指数的演化实证分析

在完成综合评估指标构建的基础上,针对网络文化产业发展指数的演化展开实证分析。因考虑到网络文化产业发展指数具有多重影响因素,根据其综合评估中的指标特征和数据样本,本节采用熵权法计算指标权重,在此基础上计算出网络文化产业的发展指数。数据样本同样来源于相关主管部门、权威机构、权威网站和数据库发布的统计年鉴或研究报告等,选取其中对应网络文化产业发展指标的数据，展开具体的数据分析和实证研究，将时间范围设定为 2017 年—2021 年，时间跨度为 5 年。

一、基于熵权法的评估指标权重确定

（一）熵权法指标权重的确定流程

熵权法作为客观赋权法，能够合理准确地分配网络文化产业发展的指标权重。从熵权法的基本原理来看，在信息论中，熵是对系统无序程度的量度，用以度量数据所提供的有效信息量。具体而言，当某项评价对象的指标值差异越大，熵值就越小，即该指标所包含和传输的有效信息则越多，相应地，权重越大；反之，当某项评价对象的指标值差异越小，熵值就越大，即该指标所包含和传输的有效信息则越少，相应地，权重越小。用熵权法进行指标权重设计的具体步骤如下：

第一步，设定原矩阵为 $x = (x_{ij})_{m \times n}$。其中，$i$ 表示年份，j 表示测度指标，X_{ij} 表示各项指标实际观测值，m 表示原始数据有 m 个指标，n 表示原始数据有 n 个评价对象，在本章节中，$m = 49$，$n = 5$。为消除不同测度指标在数量级和量纲方面的不一致性，首先运用极差法对网络文化产业发展水平测度体系中各测度指标 x_{ij} 做标准化处理：

$$y_{ij} = \frac{x_{ij} - \min(x_{ij})}{\max(x_{ij}) - \min(x_{ij})} \text{ , } x_{ij} \text{ 为正向指标}$$

$$y_{ij} = \frac{\max(x_{ij}) - x_{ij}}{\max(x_{ij}) - \min(x_{ij})} \text{ , } x_{ij} \text{ 为负向指标}$$

其中，y_{ij} 表示标准化后的网络文化产业发展的测度指标值，$\max(x_{ij})$ 和 $\min(x_{ij})$ 分别表示 X_{ij} 的最大值和最小值。

第二步，计算第 j 个指标下第 i 个年份的指标值比重 P_{ij}：

$$P_{ij} = \frac{x_{ij}}{\sum_{i=1}^{m} x_{ij}}$$

第三步，计算网络文化产业发展水平测度体系中各测度指标 y_{ij} 的信息熵 E_j：

$$E_j = \ln \frac{1}{n} \sum_{i=1}^{n} \left[\left(\frac{y_{ij}}{\sum_{i=1}^{n} y_{ij}} \right) \ln \left(\frac{y_{ij}}{\sum_{i=1}^{n} y_{ij}} \right) \right]$$

第四步,计算网络文化产业发展水平测度体系中各测度指标 y_{ij} 的权重 W_j:

$$W_j = \frac{1 - E_j}{m - \sum_{j=1}^{m} E_j}$$

(二)熵权法指标权重计算与分配结果

基于以上熵权法指标权重的计算流程,本章节按照自下而上的运算逻辑,依次从三级指标权重计算向一级指标权重计算过渡,最终,得出网络文化产业发展水平测度体系中各测度指标的权重值(见表5-3)。其中,表征指数占比30.92%,内涵指数占比69.08%。可见,在网络文化产业发展中,网络文化产业的内在规律性运动和内部深层推动力是决定其发展水平的关键因素,而外部性关系,如政治、经济和网络安全发展环境,以及宏观经济效益亦是衡量网络文化产业发展的重要因素。

表5-3　网络文化产业发展综合评估的指标体系的权重分配结果

指标体系	一级指标	二级指标	编号	三　级　指　标	权重(%)
表征指数 30.92%	产业发展环境 20.72%	网络安全环境 13.18%	X1	网络安全事件发生的比率	2.35
			X2	网络诈骗事件发生的比率	2.34
			X3	信息系统安全漏洞数量	1.32
			X4	接报网络安全事件数量	3.72
			X5	网络违法不良信息举报受理数量	3.45
		融资环境 5.90%	X6	网络文化产业的融资事件	2.43
			X7	网络文化产业融资总额	1.81
			X8	网络文化产业融资过亿事件数量	1.67
		产业发展规划 1.64%	X9	政策法规、发展战略与规划意见	1.64

指标体系	一级指标	二级指标	编号	三　级　指　标	权重（%）
表征指数30.92%	产业宏观经济效益10.20	产业经济贡献3.97%	X10	GDP在全部产业中的比率	2.00
			X11	网络文化产业增加值规模	1.97
		网络经济规模6.23%	X12	网络业务收入	1.92
			X13	网络企业营业利润	2.07
			X14	软件业务收入	2.24
内涵指数69.08%	产业基础设施建设27.50%	网络基础资源13.50%	X15	IPv4地址数量	1.33
			X16	IPv6地址数量	1.49
			X17	域名数	3.12
			X18	移动电话基站数量	2.30
			X19	互联网接入端数量	1.58
			X20	光缆线路长度	1.72
			X21	物联网设备连接量	1.97
		网络应用资源9.12%	X22	网站数量	1.98
			X23	".CN"下网站数量	1.72
			X24	网页数量	1.87
			X25	移动互联网接入流量	1.98
			X26	App数量	1.56
		网络接入环境4.88%	X27	移动电话用户规模	1.39
			X28	固定宽带接入用户数	1.79
			X29	光纤宽带用户规模	1.70
	产业吸引力22.36%	网络通信应用规模5.83%	X30	即时通信用户规模	1.93
			X31	搜索引擎用户规模	1.97
			X32	网络新闻用户规模	1.94

指标体系	一级指标	二级指标	编号	三级指标	权重(%)
内涵指数 69.08%	产业吸引力 22.36%	网络娱乐应用规模 5.83%	X33	网络游戏用户规模	1.64
			X34	网络直播用户规模	2.53
			X35	网络视频用户规模	1.66
		网络消费应用规模 10.70%	X36	网络支付用户规模	2.08
			X37	网络购物用户规模	1.92
			X38	网络外卖用户规模	2.27
			X39	在线旅行预订用户规模	1.64
			X40	网约车用户规模	2.80
	产业创新力 9.04%	知识产权创新 4.61%	X41	计算机软件著作权	2.00
			X42	网络技术专利比例	2.61
		技术研发创新 4.43%	X43	研发人员总数	2.08
			X44	投入研发经费	2.35
	产业主体结构 10.18%	网民主体 4.24%	X45	互联网网民数量	2.05
			X46	网民人均每周上网时长	2.19
		企业主体 3.47%	X47	网络文化企业总量	1.74
			X48	上市网络文化企业数量	1.72
		人力资源 2.47%	X49	从业人员总数	2.47%

　　在一级指标的分类之下,产业发展环境占比 20.72%,产业宏观经济效益占比 10.20%,产业基础设施建设占比 27.50%,产业吸引力占比 22.36%,产业创新力占比 9.04%,产业主体结构占比 10.18%。其中,产业基础设施建设是众多指标中最为重要的,这说明作为底层建筑的基础设施是推动网络文化产业发展的基础,亦是决定其发展的核心。产业吸引力,即产业规模与用户使用率将直接反

映网络文化产业的发展水平，而产业发展环境作为表征指数，在权重分配的重要度排名中同样跻身前三，这说明在内部网络文化产业基础设施建设发展和产业吸引力提高方面，外部环境指引着网络文化产业发展的具体方向。此外，产业宏观经济效益、产业主体结构和产业创新力的指标权重占比则相对较小，表示这3个指标系数在近5年内的差异变化较小，对网络文化产业发展的总体推动作用相对较小。

在二级指标的细分之下，占比超过10%权重的指标分别为网络基础资源、网络安全环境和网络消费应用，这表示网络文化产业发展最为重要的组成部分是以硬件和基建为核心的基础设施建设、良好且安全的网络环境的营造与维护，以及"线上＋线下"模式相结合的网络消费应用的推广与开发，这三个部分是推动未来网络文化产业发展的关键，其中依旧充满着巨大的发展潜力和发展空间。其次，超过5%权重的指标分别为"网络应用资源""网络经济规模""融资环境""网络通信应用"和"网络娱乐应用"，这说明软件设施、经济支持与实际收益、不同垂直领域的网络程序应用开发亦是网络文化产业发展的重要面向，是决定网络文化产业发展的中坚力量。而权重占比5%以下的指标为"网络接入环境""知识产权创新""技术研发创新""网民主体""产业经济贡献""企业主体""人力资源"和"产业发展规划"，就熵值特征和权重分配而言，以上指标数值的变异程度较低，说明在近五年网络文化产业的发展过程中，指标数值的变化较小，因而有效信息较少，即整体的发展程度较低，相应地，重要性也较弱；但另一方面，也说明以上指标需要进行内部优化调整，实现各层次指标的协同发展，以拉动网络文化产业的整体发展。

二、网络文化产业发展指数实证测度

在获得各级指标权重的基础上，本章节进一步计算网络文化产业发展指数，该指标最终由表征指数和内涵指数两部分加权而得，具体公式如下：

$$ICID_i = \sum_{j}^{m} y_{ij} W_j \times 10$$

其中，$ICID_i$ 表示网络文化产业发展的总指数，i 表示年份，$i \in [2017, 2021]$，y_{ij} 表示 i 年的第 j 个指标在标准化后的网络文化产业发展的测度指标值，W_j 表示第 j 个指标所对应的权重值。

最终，经过数据计算和指标测度，得出网络文化产业发展综合评估指数结果（见表 5 - 4）。

表 5 - 4　网络文化产业发展综合评估指数结果（2017—2021 年）

指　数	年　份				
	2017	2018	2019	2020	2021
表征指数	1.11	1.31	1.18	1.59	2.23
产业发展环境	1.11	1.08	0.69	0.86	1.21
网络安全环境	0.59	0.43	0.50	0.69	0.84
融资环境	0.42	0.49	0.05	0.17	0.30
产业发展规划	0.10	0.16	0.14	0.00	0.07
产业宏观经济效益	0.00	0.23	0.49	0.73	1.02
产业经济贡献	0.00	0.10	0.19	0.30	0.40
网络经济规模	0.00	0.13	0.30	0.43	0.62
内涵指数	0.62	2.36	4.04	4.56	5.94
产业基础设施建设	0.47	1.22	1.88	1.82	1.92
网络基础资源	0.05	0.44	0.98	1.00	1.04
网络应用资源	0.42	0.57	0.59	0.45	0.39
网络接入环境	0.00	0.21	0.31	0.37	0.49
产业吸引力	0.10	0.69	1.17	1.38	2.20
网络通信应用规模	0.00	0.13	0.36	0.46	0.58
网络娱乐应用规模	0.02	0.12	0.38	0.44	0.58
网络消费应用规模	0.08	0.44	0.43	0.48	1.04
产业创新力	0.00	0.18	0.35	0.76	0.88
知识产权创新	0.00	0.08	0.20	0.38	0.46

续　表

指　　数	年　　份				
	2017	2018	2019	2020	2021
技术研发创新	0.00	0.10	0.15	0.38	0.42
产业主体结构	0.05	0.27	0.64	0.60	0.94
网民主体	0.05	0.13	0.32	0.17	0.34
企业主体	0.00	0.12	0.20	0.26	0.35
人力资源	0.00	0.02	0.12	0.17	0.25
总指数	1.73	3.67	5.22	6.15	8.17

（一）综合指数：网络文化产业发展总体呈稳步上升趋势

网络文化产业发展的表征指数、内涵指数和总指数均呈逐年递增的趋势。就代表网络文化产业发展外部性关系的表征指数而言，2017年至2021年期间，表征指数整体呈缓慢增长趋势，最高峰值为2021年的2.23，与2017年相比，增长了1.12，整体增长水平较低。这说明政治、经济要素，以及网络安全等外部环境要素，虽为网络文化产业的成长与发展提供正向条件，但是整体的扶持力度仍存在不足。在2019年，表征指数下降至1.18，低于2018年的发展指数水平，这也间接说明外部性关系对网络文化产业发展的支持并不稳定。

从代表网络文化产业发展内部性规律的内涵指数来看，2017—2021年，内涵指数整体呈现递进式增长，2017年网络文化产业发展的内涵指数水平仅为0.62，而2021年则跳跃增长至5.94，这直接说明网络文化产业的发展在很大程度上得益于内部各产业分支的建设与更新迭代。同时，相比于表征指数，内涵指数在促进网络文化产业的发展水平提升中发挥着更为重要的作用，这表明内涵指数是支撑网络文化产业发展的基石，表征体系建立在内涵体系的基础之上，为网络文化产业的发展锦上添花。并且随着网络技术的持续发展，网络文化产业的内部建设日益完善，网络文化产业产品也更为多样，这无疑促进了网络文化产业向纵深方向发展。

从网络文化产业发展总指数的分布来看，近5年来，网络文化产业发展的总指数呈爆发式增长。2021 年,网络文化产业发展的总指数达到最高峰,相比于 2017 年的 1.73,网络文化产业发展总指数总计增长了 6.44。这说明在外部性关系和内部规律性运动的双重作用下,网络文化产业得到了可持续发展。总体来看,表征指数和内涵指数虽是基于不同视角,采用不同理论建构的两套指标体系,但是两者之间具有一致性,较为统一地反映了网络文化产业发展的实际情况。总指数、表征指数和内涵指数的数据可视化分布结果如图 5-2 所示。

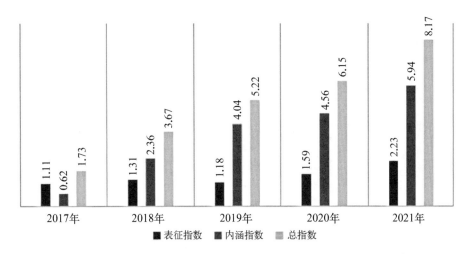

图 5‑2 网络文化产业发展综合评估指数结果分布图(2017—2021 年)

(二) 产业发展环境指数上下起伏较大

从产业发展环境指数来看,产业发展环境整体波动较大(见图 5-3)。2017 年至 2019 年期间,呈现持续下降趋势,2019 年断崖式下跌至谷值 0.69,随后直线上升,2021 年回归至正常的发展水平。回溯 2019 年发现,融资环境指数仅为 0.05,而这也是导致产业发展环境指数较低的主要原因,相比于往年的融资环境指数,无论是融资事件的数量,还是融资总额都明显偏低。这表明 2019 年和 2020 年,在宏观经济发展缓慢的影响下,整体融资环境对网络文化产业的倾斜和扶持力度也有所缩减。就网络安全环境而言,2018 年的发展指数水平较低,但其他年份的指数均在持续上升,2021 年到达峰值 0.84,这说明在国家网络安全政策与法规的持续干预下,网络安全事件、信息系统安全事件和网络违法不良信息等阻碍网络文化产业正向发展的不良现象均得到有效控制。就产业发展规划而言,历年政策法规、发展战略与规划意见所形成的发展指数较为稳定,国家与政府根据网络文化产业发展的实际情况,每年更新制定与网络文化产业发展相关的政策法规,为网络文化产业发展指明了方向,并及时针对发展问题提出了有效的解决方案,为网络文化产业的发展提供最重要的保障。整体来看,在众多一级指标之中,仅有产业发展环境的指数增长水平较低,2017—2021年仅增长0.1,这说明产业发展环境指数在网络文化产业发展中的贡献不足。

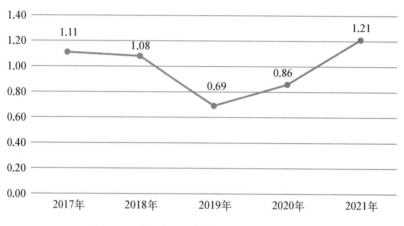

图 5 - 3　产业发展环境指数(2017—2021 年)

(三) 产业宏观经济效益指数呈直线上升发展

2017—2021年,产业宏观经济效益指数稳步直线增长(见图5-4)。就产业经济贡献而言,网络文化产业对GDP总体的贡献逐年提升,同时,网络文化产业增加值规模不断扩大,整体产业经济贡献在2021年达到峰值0.4。就网络经济规模而言,网络业务、软件业务的收益随着网络文化产业整体规模的扩大而不断增加,网络企业营业利润亦逐年攀升,网络经济规模发展指数在2021年增长至0.62。整体来看,直线式指数的上升代表着网络文化产业在经济效益上,仍存在巨大的发展潜力,间接说明网络文化产业正处于迅猛发展的重要阶段。在此需要特别说明的是,2017年产业经济效益指数为0,并非是其对网络文化产业发展的贡献为0,而是相比于其他年份,2017年网络文化产业发展的二级和三级指标值均为最低值,从而使得最终指数结果加权后为0,而这也恰恰说明在宏观经济效益的各个方面,网络文化产业均呈现出稳定的直线上升趋势。

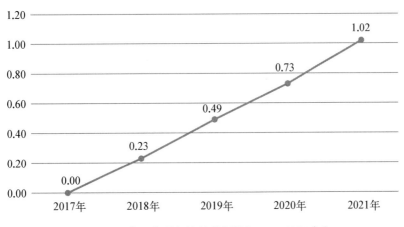

图 5 - 4　产业宏观经济效益指数(2017—2021 年)

(四)产业基础设施建设指数呈现稳定增长趋势

2017—2019 年,产业基础设施呈突破式跃进增长,三年内指数增长近 4 倍,但在 2020 年,下降至 1.82,随后于 2021 年回升至 1.92,产业基础设施建设指数呈现出较为稳定的增长趋势(见图 5 - 5)。就网络基础资源而言,以硬件设施和基建建设为核心的产业基础设施,在 2017—2019 年,由 0.05 快速增长至 0.98。从三级指标的具体数据来看,网络文化产业基础设施从一、二线城市不断下沉至三、四线城市和乡镇,这使得移动电话基站、互联网接入端和光缆线路飞速发展,同时,伴随网络技术的更新迭代,IPv6 地址和物联网设备也同样进入繁荣期。但 2020 年和 2021 年,在各硬件设施、基建建设等基础设施完成用户下沉并普及化的背景下,网络基础资源发展进入增长缓慢期。就网络应用资源而言,网络软件应用于 2019 年增长至峰值 0.59,2021 年进入谷值 0.39,即以网站、网页、App和移动互联网接入流量等为核心的网络应用资源同样进入发展的疲软期。一方面,这表明网络应用资源的占有与分配已经形成相对稳定的格局,头部网络企业已占领网络文化产业的资源高地;另一方面,这说明面向网络软件应用的资源在创新发展上进入瓶颈期。从以硬件设备接入为核心的网络接入环境来看,2017年至 2021 年期间,移动电话、固定宽带接入和光纤宽带用户规模均持续扩大,随着城乡网民和老年用户的接入,硬件设备的接入与使用规模仍在持续扩大。整体来看,产业基础设施发展已进入稳定期,为未来网络文化产业与移动互联网、物联网、大数据和云计算等高新技术的融合奠定了基础。

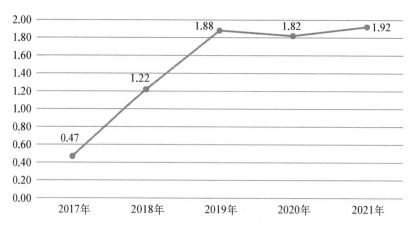

图 5-5　产业基础设施建设指数(2017—2021 年)

(五) 产业吸引力指数实现跨越式发展

2017—2021 年,网络文化产业的吸引力指数从 0.1 增长至 2.2,总体增长了 2.1,相比于其他一级指标,产业吸引力指数呈现跨越式增长(见图 5-6)。在具体的网络应用中,网络消费应用规模发展最为迅猛,由 2017 年的 0.08 增长至 2021 年的 1.04,而网络通信应用和网络娱乐应用规模均在 2021 年增长至 0.58,三种网络应用指数均呈逐年上升趋势。从网络通信应用规模来看,随着信息通信系统与网络平台、新媒体与传统新闻传播的高度融合,信息与新闻的传播效果得到有效提升,这使得即时通信、搜索引擎和网络新闻等应用更具吸引力,网络通信应用的用户规模始终保持平稳增长。从网络娱乐应用规模来看,以娱乐和休闲为核心的网络产品与服务层出不穷,其后,网络直播、网络视频和网络游戏等娱乐应用的用户规模呈爆发式增长,市场规模飞速扩张。从网络消费应用规模来看,用户在现实生活中越来越依赖线上消费模式,对网络支付、网络购物、网络外卖、在线旅行预定和网约车等网络消费应用形成媒介依赖,这些应用的用户规模逐年攀升。整体来看,网络文化产业富有创新性地开发了各类新产品与新应用,以满足用户的多重使用需求,使得网络文化产业极具吸引力。同时,网络文化产业产品与应用所形成的虚拟世界日益嵌入人类现实社会,数字化生存成为生活常态,而这也对网络文化产业发展产生了深远影响。

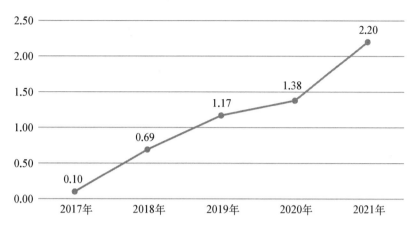

图 5‐6　网络文化产业吸引力指数(2017—2021 年)

(六)产业创新力指数呈平缓上升趋势

从产业创新力指数来看,与其他一级指标相比,虽然网络文化产业的创新力指数增长较为缓慢,但是每年的指数相较于前一年均有所增长,总体呈现出平缓上升的趋势(见图 5‐7)。2017 年,网络文化产业的创新力指数最低,2019 年增长至 0.35 后出现快速增长阶段,近五年增长总指数为 0.88。从知识产权创新和技术研发创新来看,计算机软件著作权、网络技术专利、研发人员的数量和投入研发经费均在逐年增长,这说明网络文化产业技术水平在不断提高,为推动新一轮网络文化产业发展创造条件。整体而言,知识产权创新和技术研发创新增长趋势呈现一致性,这也说明在技术研发的支撑下,知识产权也获得了更多的创新空间;但另一方面,指数增长缓慢也直接说明网络文化产业的创新力仍存在不足,面向下一代的信息网络技术、物联网、关键芯片、硬件设备、软件和应用系统等技术的创新研发,仍需要投入更多的想象力、创造力和研发资源。

(七)产业主体结构指数呈波动式增长

2017—2019 年,网络文化产业的主体结构呈上升趋势,但在 2020 年下跌至0.6,表明 2020 年网民主体出现短暂的下行趋势,网民人均每周上网时长仅 26.2 小时,是近 5 年的最低值,同时互联网网民增长数量也逐渐放缓。其后,2021 年又重新恢复上升趋势,产业主体结构指数整体呈波动式增长(见图 5‐8)。就企业主体和人力资源而言,网络文化产业企业、上市网络文化企业和从业人员数量均持续上升,这表明网络文化产业的主体日益多元化,越来越多的主体以不同的身份,加入网络文化产业生产、流通和消费的各个环节之中,推动了网络文化产业的发展。

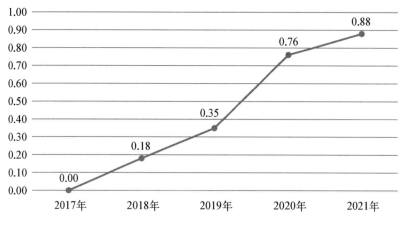

图 5－7　产业创新力指数(2017—2021 年)

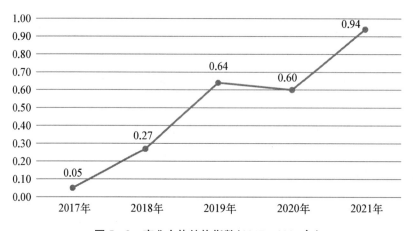

图 5－8　产业主体结构指数(2017—2021 年)

三、研究结论与政策建议

通过对 2017—2021 年网络文化产业发展的综合指数和一级、二级指标指数展开横向和纵向的对比分析,本章节发现网络文化产业发展稳中向好,整体处于稳步上升的发展阶段。目前,网络文化产业已获取了较高的经济收益,在众多文化产品中也占领着庞大的市场份额,而以网络直播、网络视频、网络游戏、网络支付和即时通信等为代表的网络文化产业产品,更是嵌入人们的日常生活之中,网络文化也潜移默化地成为社会文化的重要组成部分,为网络文化产业的发展提供着持久的推动力。同时,随着物联网、移动通信、人工智能和 5G 等高新技术的发展与更迭,网络文化产业也在发展过程中迎来全新的生态。

但通过综合指数和各级指数的系统分析,不难发现网络文化产业发展仍然存在表征指数发展缓慢、产业发展环境面临瓶颈和产业创新力不足等问题,而这些因素也将阻碍网络文化产业的长久发展。要想实现网络文化产业高速、高质量的发展,就必须完善网络文化产业各环节的支撑体系。具体来说,制度支持、技术更迭、产业创新和结构优化是实现网络文化产业健康、可持续发展的重要因素,缺失其中任意环节,就可能使得网络文化产业发展面临瓶颈,甚至走向衰退。因此,为积极推动网络文化产业的长久发展,全面提升不同子系统的发展水平,笔者结合研究结论提出以下政策建议。

(一)制度支持:增强国家政策对网络文化产业的整体扶持力度

相比于内涵指数,表征指数整体发展缓慢,尤其是在近五年内,网络文化产业发展环境指数的上升幅度较小。一方面,这说明网络文化产业的外部环境已形成相对稳定的状态;另一方面,也反映了网络文化产业的外部发展环境存在停滞不前的现象。事实上,以政治、经济和网络为核心的外部发展环境,可以极大程度地推动网络文化产业向纵深处发展。因此,从国家政策层面来说,应当加大政策制度对网络文化产业发展建设和创新的扶持力度,积极修订、出台相关政策,提出建设性的意见,制定统筹战略规划,为网络文化产业的发展提供制度保障,并指明未来发展方向。同时,国家也需要围绕网络安全制定相关政策法规,防范不良网络现象,营造清朗的网络环境,为网络文化产业提供具有保障的、规范的和良性的发展环境。

(二)技术更迭:以新技术支撑网络文化产业的裂变式发展

网络文化产业的快速发展始终伴随着各类技术的演进与动态更迭,即技术使得网络文化产业拥有丰富多样的产业形态。但从目前的产业基础设施建设的指数来看,支撑网络文化产业发展的硬件、软件和基建设施已日趋完善,这既意味着网络文化产业已成为较为成熟且稳定的产业形态,也代表网络文化产业的外在表现形态即将面临发展瓶颈。从历时层面来看,web1.0 到 web2.0 网络形态的变化与技术的更迭息息相关，网络文化产业在此过程中创新性地产生了网络直播、网络游戏、网络支付和网络购物等多种形式的网络应用，形成了网络文化产业生态。事实上，新技术的诞生与更迭为网络文化产业的发展提供更多的想象空间。因此，在未来，依旧需要更先进的网络技术推动网络文化产业的裂变式发展，包括物联网、人工智能、传感器和区块链等新兴技术，以帮助网络文化产业走向更高级的产业形态。

（三）产业创新：重视产品内容创新，形成产业品牌效应

目前，网络文化产业的创新力指数增长较为缓慢，一方面，体现在上文所述的以产业基础设施为核心的技术创新力不足；另一方面，也反映出网络文化产业中的产品内容难有新意的问题，比如网络直播中的文化形态日益趋同，表现为程式化、泛娱乐化、媚俗化和大众化的特征；再如网络文化作品、网络小说内容抄袭现象也屡见不鲜。可见，网络文化产业产品的同质化现象较为严重，且出圈的网络文化产业产品较少，这直接体现为网络文化产业产品缺乏创新力，而内容抄袭等不良现象也将持续扰乱网络文化产业市场的良性运作，不利于网络文化产业产品多元发展。最终，网络文化产业生产与市场需求结构不对应，低质的网络文化产品无法满足用户和消费者的现实需求，处于供求不平衡的状态。因此，未来网络文化产业在关注技术创新的同时，也要更加重视产品内容的创新，在加大技术型人才培养力度的同时，也要孵化创作型人才，并给予更多的经济支持，投入更多的科研经费和创作奖励，通过优化产业和企业创新机制，平衡产品与消费者之间的供需关系，实现网络文化产业的可持续发展。此外，企业在创造新颖的网络文化产业产品的同时，也可以通过打造品牌效应的方式，提升企业和文化产品的影响力与知名度，吸引更多的受众和消费者，推进网络文化产业企业和产品的高速发展。

（四）结构优化：合理配置产业资源，完善企业内部机制

当下的网络文化产业发展正处于向更高形态递进的过渡阶段，需要更科学、完善和系统的产业运行结构。事实上，网络文化产业长久的生命力取决于企业内部机制和整体产业结构的合理性，而这也涉及资源合理配置的问题。在网络文化产业在高速发展的同时，我们可以清晰地洞察到一系列不协调和不可持续的问题，这是由产业资源分配不平衡、企业内部机制不完善造成的。首先，网络

文化产业发展的区域资源不平衡,呈现出东强西弱的格局;其次,网络文化产业呈现出头部企业垄断的局面,不同企业规模发展差距较大,致使中小规模企业完全不具备与互联网大厂竞争的能力;最后,网络文化产业的企业内部机制存在人力资源分配不合理、企业管理不科学等现象,致使企业整体发展缓慢。因此,立足于未来发展,网络文化产业需要更加合理地配置产业资源并优化企业内部机制:其一,将产业资源向西部和三、四线城市乡镇倾斜,抓住市场长尾,扩大网络文化产业的市场,推动其向纵深处发展;其二,通过政策优惠与融资倾斜扶持中小规模的网络文化产业企业,营造良性竞争的生态环境,促使网络文化产业均衡发展;其三,优化改善企业内部机制,调整企业人员配置,提升研发人员和中层管理人员的比例,以更加科学的方式管理企业,为网络文化产业发展提供原动力。

四、结语

本章系统梳理了网络文化产业发展指标体系的研究现状,阐明构建网络文化产业发展指标的意义、原则和思路,根据网络文化产业发展的外部性关系和内部规律性运动,编制出一套相对科学、体系完备、系统全面且具备实践操作性的综合评估指标体系。同时,在指标建构的基础上,搜集网络文化产业指标的具体数据,运用客观权重法,计算出各指标的权重数值和发展指数,实证演化出近五年的网络文化产业发展现状与趋势。但本章研究中也存在不足。首先,在综合指标的选取和建构上,由于网络文化产业是一个宏大的概念,因此,还可能存在其他相关指标,未来研究可进一步挖掘。其次,网络文化产业发展始终是动态的,其指标亦伴随发展而有所变化,未来可以根据网络文化产业发展的实际情况做具体调整,比如可纳入 IPv6 用户数量、5G 手机出货量、蜂窝物联网终端用户数等具体指标计算。再次,本章网络文化产业发展的时间跨度仅为 5 年,未来研究可以选择更大的时间范围。最后,在实证研究调节变量的选取上,本章仅以时间作为调节变量,未来研究还可以选取地区作为调节变量,从而更加细致地反映网络文化产业在各地区的具体发展情况,为未来网络文化产业在各地区的发展指明方向。

参考文献

一、中文专著

［1］陈鹏.中国互联网视听行业发展报告（2018）［M］.北京：社会科学文献出版社，2018.

［2］陈少峰，张立波.文化产业商业模式［M］.北京：北京大学出版社，2011.

［3］狄昂照.国际竞争力［M］.北京：改革出版社，1992.

［4］胡惠林，王婧.中国文化产业发展指数报告（CCIDI）［M］.上海：上海人民出版社，2012.

［5］胡惠林，王婧.中国文化产业发展指数报告（CCIDI）［M］.上海：上海人民出版社，2012.

［6］迈克尔·波特.国家竞争优势［M］.北京：华夏出版社，2002.

［7］迈克尔·波特.竞争论［M］.北京：中信出版社，2003.

［8］彭翊.中国城市文化产业发展评价体系研究［M］.北京：中国人民大学出版社，2011.

［9］焦斌龙.评价文化：文化资源评估与文化产业评价研究［M］.太原：山西教育出版社，2004.

［10］谭跃进.定量分析方法［M］.北京：中国人民大学出版社，2002.

［11］王莲芬，许树伯.层次分析法引论［M］.北京：中国人民大学出版社，1990：8.

［12］王琳.文化产业的发展与预测［M］.天津：天津社会科学院出版，2005.

［13］王松霈.生态经济学［M］.西安：陕西人民教育出版社，2000：131.

［14］赵焕臣.层次分析法———一种简易的新决策方法［M］.北京：科学出版社，1986.

［15］朱孔来.国民经济和社会发展综合评估研究［M］.济南：山东人民出版社，2004.

二、期刊论文

［16］博远.公务员遴选模拟试题系列解析（十七）［J］.领导科学，2016（25）：40－41.

［17］蔡志文.浅议网络生态危机表现及其文化之源[J].四川教育学院学报.
　　　2004(1)：64－66.

［18］常征.中国数字内容产业生命周期模型建立与阶段识别[J].北京邮电大学
　　　学报(社会科学版),2012(1)：67－73.

［19］陈明亮,邱婷婷,谢莹.微博主影响力评价指标体系的科学构建[J].浙江大
　　　学学报(人文社会科学版),2014,44(02)：53－63.

［20］陈少峰,陈晓燕.基于数字文化产业发展趋势的商业模式构建[J].北京联合
　　　大学学报(人文社会科学版),2013(2)：68.

［21］陈少峰,侯杰耀.互联网文化产业的挑战与对策[J].北京联合大学学报(人
　　　文社会科学版),2016,14(02)：8－12＋61.

［22］陈亚民,吕天品.文化产业的商业属性及商业模式[J].商业研究,2010,
　　　395(03)：153－157.

［23］董明辉,陈端吕,邹滨等.基于 RITE 模型的东北老工业基地信息化水平分
　　　析[J].地理科学进展,2009(2)：5.

［24］段莉.我国文化产业就业与人才问题研究[J].华中师范大学学报(人文社会
　　　科学版),2017,56(02)：83－89.

［25］范周,祁吟墨.深度融合,守正创新：助推新时代中国文化产业高质量发展
　　　[J].出版广角,2019,339(09)：6－10.

［26］冯锐,李闻.社交媒体影响力评价指标体系的构建[J].现代传播(中国传媒
　　　大学学报),2017,39(03)：63－69.

［27］俸远.中国网络文化的发展研究[J].新闻研究导刊,2020,11(23)：
　　　216－217.

［28］傅耀威,孟宪佳.移动互联网技术发展现状与趋势[J].科技中国,2017(12)：
　　　60－62.

［29］高书生.国家文化数字化战略：背景与布局[J].河北师范大学学报(哲学社
　　　会科学版),2022,45(05)：11－18.

［30］高书生.国家文化数字化战略：背景与布局[J].河北师范大学学报(哲学社
　　　会科学版),2022,45(05)：11－18.

［31］古广胜.区域文化产业品牌构建研究——以广东梅州为例[J].改革与战略,
　　　2013,29(12)：91－95.

［32］郭毅夫.基于产业生命周期的商业模式创新[J].高科技与产业化,2012(2)：

29－31.

[33] 郭昱.权重确定方法综述[J].农村经济与科技,2018,29(08)：252－253.

[34] 韩洁,谭予涵,谭霞,王芳,王敏.美国版权战略对我国文化产业发展的启示[J].重庆工商大学学报(社会科学版),2009(01)：105.

[35] 韩洁平,毕强,赵娜.信息内容产业的发展机理与发展规律研究[J].情报资料工作,2009,171(06)：5－9.

[36] 韩玮,陈安.基于焦耳定律的公共危机事件网络舆情热度模型研究[J].情报科学,2021,39(02)：24－33.

[37] 后疫情时代中国线上泛娱乐市场展望[J].现代商业银行,2020(09)：42－47.

[38] 黄先蓉,田常清.新闻出版业国际竞争力与影响力评价指标体系研究[J].贵州师范大学学报(社会科学版),2013(04)：21－29.

[39] 黄意武.网络文化生态的特征及其建设路径探究[J].重庆邮电大学学报(社会科学版),2014,26(05)：1－4.

[40] 靳雨露.域外数字文化产业发展新态势——以数字文化产业政策法律对比研究为切入点[J].中国广播电视学刊,2021(11)：60－64.

[41] 匡文波,武晓立.基于微信公众号的健康传播效果评价指标体系研究[J].国际新闻界,2019,41(01)：153－176.

[42] 蓝志勇,刘洋.美国人才战略的回顾与启示[J].国家行政学院学报,2017(1)：50－55.

[43] 李开元.面向产业集群的公共服务平台体系建设[J].湖州师范学院学报,2011,33(05)：69－71.

[44] 李鹏.数字内容产业的自我规制研究[J].软科学,2017(2)：33－37.

[45] 李文明,吕福玉.网络经济边际效应与网络文化产业发展模式研究[J].现代财经(天津财经大学学报),2011,31(10)：5－15.

[46] 林环.欧美国家数字内容产业发展政策模式比较[J].中国出版,2018(6)：63－66.

[47] 刘果,王梦洁.数字内容产业发展：基于经济,产业,用户的视角[J].求索,2017(7)：91－95.

[48] 刘江涛,张波.关注文化创意产业[J].经济问题探索,2006(10)：36－40.

[49] 刘倩,王秀伟.文化产业数字化的关键问题,响应策略与实施路径——基于文化产业创新生态系统的研究[J].西南民族大学学报(人文社会科学版),

2022,43(08)：150－156.

[50] 刘润楠.生态系统视角下网络文化产业的公共治理[J].山东商业职业技术学院学报,2022,22(01)：95－100.

[51] 刘亚娟.网络文化产业发展策略研究[J].现代企业教育,2012(21)：194.

[52] 刘媛媛.互联网文化产业商业模式创新路径探究[J].传媒论坛,2019,2(04)：169－170.

[53] 陆高峰.畅想5G：传媒业新的机遇和挑战[J].青年记者,2019(03)：110.

[54] 罗仕鉴,张德寅,沈诚仪,卢杨.文化产业数字化的创新衍进模式研究[J].包装工程,2022,43(24)：8－19＋56＋465.

[55] 吕宇翔.美英数字内容产业发展概况[J].文化产业导刊,2014(7)：24－26.

[56] 马冬莉.网络文化产业生态系统管理多中心协同范式研究[J].邵阳学院学报(社会科学版),2017,16(02)：83－87.

[57] 彭兰.商业属性下的网络文化[J].中国广播,2013(05)：30－33.

[58] 宋立夫,范周.生态化视角理解数字文化产业发展的必要性与可行性研究[J].出版广角,2021(03)：11－15.

[59] 汤景泰,徐铭亮.指标构建与核心流程：社交媒体内容传播效果的综合评估[J].现代传播(中国传媒大学学报),2022,44(04)：37－46.

[60] 田蕾.数字文化企业参与文化治理的路径[J].中国国情国力,2020,331(08)：40－42.

[61] 田子露.我国文化产业品牌战略实施策略研究[J].商业经济,2017,486(02)：89－90.

[62] 万秀丽,陈学琴."一带一路"背景下中华文化走出去问题探析[J].中共云南省委党校学报,2018,19(03)：26－30.

[63] 汪长玉,李秋迪.多视角下网络文化产业链模式研究[J].技术经济,2014,33(01)：97－103.

[64] 王珊,刘娟."互联网＋"环境下的网络文化产业生态治理[J].现代国企研究,2018(12)：283.

[65] 王一木.中国文化顶层设计的基本内涵和路径选择[J].江西社会科学,2012,32(02)：186－191.

[66] 王兆萍,卢旺达.嵌入性视角下农村劳动力就地转移的影响因素研究[J].西北人口,2021,42(04)：57－70.

［67］闻洪涛.试论我国网络文化产业自主创新带动战略的构建［J］.新闻大学，2016(03)：80-86+150.

［68］吴春华.网络文化产业发展趋势研判［J］.人民论坛，2018(29)：130-131.

［69］向勇，权基永.韩国文化产业立国战略研究［J］.华中师范大学学报(人文社会科学版)，2013(4)：107-112.

［70］向玉珍，殷文贵，李平贵.习近平新时代中国特色社会主义文化思想的生成、内容和价值［J］.山西高等学校社会科学学报，2018，30(10)：1-5+12.

［71］肖宇，夏杰长.我国数字文化产业发展现状、问题与国际比较研究［J］.全球化，2018，85(08)：70-86+134.

［72］谢友宁，杨海平，金旭虹.数字内容产业发展研究——以内容产业评估指标为对象的探讨［J］.图书情报工作，2010，54(12)：54-58+73.

［73］熊启，吴逸璇.互联网文化产业商业模式的改革创新路径探索［J］.文化产业，2020(21)：116-117.

［74］徐君康.网络生态伦理观与网络文化传播之适切性［J］.宁波大学学报(人文科学版)，2005(6)：96-99.

［75］薛可，李亦飞.推荐算法的社会责任评价指标建构［J］.现代传播(中国传媒大学学报)，2022，44(01)：146-152.

［76］薛永武.论文化产业的经济属性和社会属性［J］.山东大学学报(哲学社会科学版)，2016，218(05)：32-40.

［77］杨宇.多指标综合评估中赋权方法评析［J］.统计与决策，2006(13)：17-19.

［78］游翔.国际数字出版产业发展现状及趋势分析［J］.科技与出版，2019，38(6)：65-69.

［79］喻国明，杨雅，曲慧等.5G时代"视频＋"的重要应用场景研究［J］.中国编辑，2020，131(11)：9-15.

［80］臧志彭，解学芳.中国网络文化产业技术创新的动态演化［J］.社会科学研究，2012，202(05)：44-51.

［81］臧志彭，解学芳.中国网络文化产业制度创新演化研究——基于1994—2011年的实证分析［J］.科学学研究，2013，31(04)：630-640.

［82］臧志彭.基于决策树的网络文化产业发展影响因素实证研究：来自上海的经验证据［J］.科技管理研究，2014，34(24)：211-217.

［83］臧志彭.中国网络文化产业发展指数构建与动态演化实证分析［J］.统计与

决策,2015(01):103-106.

[84] 詹一虹,侯顺.网络文化产业研究的逻辑起点与问题域[J].深圳大学学报(人文社会科学版),2016,33(05):29-35+107.

[85] 张举玺,王文娟.基于层次分析法的国际一流新型主流媒体评价指标体系研究[J].现代传播(中国传媒大学学报),2020,42(08):1-8.

[86] 张梦,王子敏.论网络文化产业发展的价值取向[J].中国集体经济,2018(35):90-93.

[87] 张锐.以太网络并行科学计算中通信损耗的定量描述[J].计算机工程与应用,2001(01):27-29.

[88] 张晓欢.数字文化产业发展的趋势,问题与对策建议[J].重庆理工大学学报(社会科学),2021,35(02):1-7.

[89] 张晓玲.我国网络文化产业相关法律制度的完善[J].情报杂志,2007(01):86-88.

[90] 张新民.互联网视域下的国际网络文化产业管理研究[J].产业与科技论坛,2020,19(18):12-13.

[91] 张雪玲,吴恬恬.中国省域数字经济发展空间分化格局研究[J].调研世界,2019(10):34-40.

[92] 张振鹏.文化产业数字化的理论框架,现实逻辑与实现路径[J].社会科学战线,2022(09):74-83.

[93] 章穗,张梅,迟国泰.基于熵权法的科学技术评价模型及其实证研究[J].管理学报,2010,7(01):34-42.

[94] 赵伟.文化产业数字化发展趋势及路径探析[J].人民论坛,2022(19):107-109.

[95] 赵惜群,许婷,翟中杰.国外网络文化建设的经验及其启示[J].当代世界与社会主义,2013(01):85-89.

[96] 赵莹.探究新时期网络文化产业管理体制改革[J].大众投资指南,2020(05):58+60.

[97] 郑琼洁,成一贤.文化产业的数字生态与高质量发展路径[J].南京社会科学,2022(01):155-163.

[98] 郑元景.论网络文化软实力及其实现路径[J].福建农林大学学报(哲学社会科学版),2014,17(01):75-78+95.

［99］钟霞,钟怀军.多指标综合评估方法及应用［J］.内蒙古大学学报（人文社会科学版）,2004(04)：107－111.

［100］周建新,朱政.中国文化产业研究 2021 年度学术报告［J］.深圳大学学报（人文社会科学版）,2022,39(01)：69－83.

［101］周曙东,董倩.区域数字经济发展指数测度方法及应用研究［J］.调研世界,2022,351(12)：68－78.

三、学位论文

［102］白珺予. 网络直播行政法律监管研究［D］.大连：东北财经大学,2021.

［103］陈美华.全媒体视域下的区域出版产业竞争力评价与提升研究——与江西省为例［D］.南昌：南昌大学,2018.

［104］丁磊. 新型城镇化建设视域下地方政府绩效评估研究［D］.南京：东南大学,2015.

［105］窦凯. 中国数字内容产业国际竞争力研究［D］.北京：对外经济贸易大学,2020.

［106］范志杰. 发展文化事业促进文化产业政策研究［D］.北京：财政部财政科学研究所,2013.

［107］黄贲. 中国文化产业链升级研究［D］.长沙：湖南大学,2012.

［108］李鹏.中国数字内容产业的发展与平台生态自我规制研究［D］.南京：东南大学,2015.

［109］林明惠. 大学生绿色消费观教育研究［D］.福州：福建师范大学,2018.

［110］陆琳.数字内容产业园区建设［D］.苏州：苏州大学,2015.

［111］孟丕. 改革开放以来中国特色社会主义文化产业政策演变研究［D］.兰州：兰州交通大学,2020.

［112］邵天宇.互联网思维下的商业模式创新路径研究［D］.大连：大连理工大学,2014.

［113］史世奎. 云南文化产业效率提升路径研究［D］.昆明：云南大学,2020.

［114］田元李. 中国网络文化产业国际竞争力研究［D］.济南：山东财经大学,2020.

［115］肖洋.我国数字出版产业发展战略研究——基于产业结构、区域、阶段的视角［D］.南京：南京大学,2013.

［116］谢小勇.我国数字内容产业的发展及国际竞争优势分析［D］.上海：复旦大

学,2006.

［117］杨晓培.网络文化视阈下的我国主流意识形态建设研究［D］.焦作：河南理工大学,2019.

［118］袁海峰.网络文化产业对我国意识形态建设的影响研究［D］.济南：山东大学,2021.

［119］张亚丽.我国文化产业发展及其路径选择研究［D］.长春：吉林大学,2014.

四、报纸文章

［120］解学芳.文化产业数字化发展的路径［N］.团结报,2021－09－18(005).

［121］叶凌寒.加快推动网络文化产业高质量发展［N］.中国社会科学报,2021－11－04(007).

［122］张鹏禹."Z世代"引领网络文学风尚［N］.人民日报海外版,2022－04－13(007).

［123］张意轩.网络文化消费冷热不均 盈利模式亟待完善［N］.人民日报,2011－04－15(10).

五、研究报告

［124］国家统计局,国务院第七次全国人口普查领导小组办公室.第七次全国人口普查公报(第六号)［R/OL］.(2021－05－11).［2023－07－17］.https://www.gov.cn/xinwen/2021-05/11/content_5605789.htm.

［125］深圳博睿.2022年全球及中国数字经济产业发展监测报告［R/OL］.(2022－03－31).［2023－07－17］.http://www.bjedtek.com/uploads/20220331/ad6df415c12f424bb04267feca8cb706.pdf.

［126］中国电子信息产业发展研究院.2019中国数字经济发展指数白皮书［R］.2019－11.

［127］中国信息通信研究院宽带发展联盟.中国宽带发展白皮书［R］.2019－10.

［128］中华人民共和国国家互联网信息办公室.第36次中国互联网络发展状况统计报告.［R/OL］.(2015－07－23).［2023－07－17］.http://www.cac.gov.cn/files/pdf/hlwtjbg/hlwlfzzktjbg036.pdf.

［129］中华人民共和国国家互联网信息办公室.第51次中国互联网络发展状况统计报告.［R/OL］.(2023－03－02).［2023－07－17］.https://www.cnnic.cn/

NMediaFile/2023/0322/MAIN16794576367190GBA2HA1KQ.pdf.

六、网络文献

[130]专家解读|大力推动乡村网络文化振兴[EB/OL].（2022 - 02 - 23）.［2023 - 07 - 17］. http://www.cac.gov.cn/2022-02/23/c_1647242942680914.htm.

[131]波士顿咨询公司.2009 The New Global Challengers[EB/OL].（2012 - 04 - 12）.［2023 - 2 - 15］. https://www.docin.com/p-380863707.html.

[132]马克卢普和波拉特.马克卢普和波拉特的信息经济测度方法评价与对比[EB/OL].（2019 - 06 - 04）.［2023 - 2 - 15］. https://ishare.iask.sina.com.cn/f/iNK2OfN1kq.html

[133]张吉先.构建未来乡村文化教育场景 助推农村人口融入数字社会.光明网.Theory. https://theory.gmw.cn/2022-04/24/content_35682816.htm.

[134]中国新闻网.市场监管总局依法对知网滥用市场支配地位行为作出行政处罚并责令其全面整改[EB/OL].（2022 - 12 - 26）.［2023 - 07 - 17］. https://baijiahao.baidu.com/s?id = 1753263412536209177&wfr = spider&for=pc.

七、政策文件

[135]国家统计局.文化及相关产业分类(2012)[S/OL].（2012 - 07 - 02）.［2023 - 7 - 17］. http://www.stats.gov.cn/xxgk/tjbz/gjtjbz/201310/t20131031_1758899.html.

[136]国家统计局.文化及相关产业分类（2018）[S/OL]. http://www.stats.gov.cn/sj/pcsj/jjpc/4jp/zk/html/zb0103.htm.

[137]国务院.中共中央办公厅 国务院办公厅印发《关于推进实施国家文化数字化战略的意见》[A/OL].（2022 - 05 - 22）.［2023 - 07 - 17］. https://www.gov.cn/xinwen/2022-05/22/content_5691759.htm.

[138]国务院.中共中央关于制定国民经济和社会发展第十个五年计划的建议[A/OL].（2000 - 10 - 11）.［2023 - 07 - 17］. https://www.gov.cn/gongbao/content/2000/content_60538.htm.

[139]国务院.中华人民共和国国民经济和社会发展第十个五年计划纲要[A/OL].（2001 - 03 - 15）.［2023 - 07 - 17］. https://www.gov.cn/gongbao/

content/2001/content_60699.htm.

[140] 统计局.新理念引领新发展 新时代开创新局面——党的十八大以来经济社会发展成就系列报告之一[A/OL].(2022－09－14).[2023－07－17].https://www.gov.cn/xinwen/2022-09/14/content_5709704.htm.

[141] 文化部.文化部关于推动数字文化产业创新发展的指导意见[A/OL].(2017－04－11).[2023－07－17].https://zwgk.mct.gov.cn/zfxxgkml/zcfg/gfxwj/202012/t20201204_906313.html.

[142] 文化部.关于支持和促进文化产业进展的若干意见(文产发[2003]38号).[A].

[143] 文化部.文化部关于印发《文化部"十二五"时期文化产业倍增计划》的通知[A/OL].(2012－02－23).[2023－07－17].https://zwgk.mct.gov.cn/zfxxgkml/ghjh/202012/t20201204_906363.html.

[144] 文化和旅游部.互联网文化管理暂行规定(2017修订)[S/OL].(2017－12－15).[2023－07－17].https://www.mct.gov.cn/preview/whhlyqyzcxxfw/zhgl/202012/t20201222_919862.html.

[145] 文化和旅游部.文化和旅游部关于推动数字文化产业高质量发展的意见[A/OL].(2020－11－18).[2023－07－17].https://www.gov.cn/zhengce/zhengceku/2020-11/27/content_5565316.htm.

[146] 新华社.中共中央办公厅 国务院办公厅印发《"十四五"文化发展规划》[EB/OL].(2022－08－16).[2023－07－17].https://www.gov.cn/zhengce/2022-08/16/content_5705612.htm.

[147] 新华社.中华人民共和国国民经济和社会发展第十四个五年规划和2035年远景目标纲要[A/OL].(2021－03－13).[2023－07－17].https://www.gov.cn/xinwen/2021-03/13/content_5592681.htm.

[148] 新华社.中央关于国民经济和社会发展十二五规划的建议[A/OL].(2010－10－27)[2023－07－17].https://www.gov.cn/govweb/wszb/zhibo431/content_1788205.htm.

八、外文文献

[149] Dimaggio，P. The Internet's Influence on the Production and Consumption of Culture：Creative Destruction and New Opportunities[A]. In Change：19Key Essays on How the Internet Is Changing Our Lives[M]. 2013：359－386.

[150] Hennig-Thurau, T., Ravid, S. A. & Sorenson, O. The Economics of Filmed Entertainment in the Digital Era. [M]. 2021：157 - 170.

[151] Levitskaya, I., & Straka, M. The digital culture of industry in the transition to sustainable development. E3S Web of Conferences[M]. 2021：278.

[152] Barefoot, K., D. Curtis, W. Jolliff, J. R. Nicholson, & R. Omohundro. Defining and measuring the digital economy[J]. Bureau of Economic Analysis, 2018(03)：15.

[153] Bustamante, E. Cultural industries in the Digital Age：some provisional conclusions. [J]. Media, Culture & Society, 2004, 26(6)：803 - 820.

[154] Gupta, A., Linden, L. L., & Stahl, D. O., et al. Benefits and Costs of Adopting Usage-Based Pricing in a Subnetwork [J]. Information Technology & Management, 2001, 2(02)：175 - 191.

[155] NäslundDahlgren, A., & Wasielewski, A. Cultures of Digitization：A Historiographic Perspective on Digital Art History. [J]. Visual Resources, 2020, 36(4)：339 - 359.

[156] Raimo, N., DeTuri, I., Ricciardelli, A., & Vitolla, F. Digitalization in the cultural industry：evidence from Italian museums. [J]. International Journal of Entrepreneurial Behaviour & Research, 2022, 28(8)：1962 - 1974.

[157] Waldfogel, J. How Digitization Has Created a Golden Age of Music, Movies, Books, and Television.. [J]. The Journal of Economic Perspectives, 201, 31(3)：195 - 214.

[158] Filigheddu, L. The huge growth of digital magazines. [EB/OL]. (2022 - 09 - 09). [2023 - 02 - 15]. https://www. paperlit. com/blog/digital-publication/the-huge-growth-of-digital-magazines.

[159] Mixson, E. Digital Disruption in the Film Industry. Intelligent Automation Network. (2022 - 10 - 06). [2023 - 02 - 05]. https://www. intelligentauto mation. network/transformation/articles/digital-disruption-in-the-film-industry.